Monika Staemmler

Das erzähl ich nur Ihnen!

BALANCE **erfahrungen**

Monika Staemmler

# Das erzähl ich nur Ihnen!

Die Kunst der Beziehungsarbeit
in 15 Geschichten

*Für Eike,
Dietrich, Nikolaus
und Janina*

»Man müsste das alles mal aufschreiben!« 7
Ein fast neidischer Seufzer von Ilse Eichenbrenner

Mein Weg zu den Klienten – und zu diesem Buch 9

 »Jetzt hab ich die Schlüssel!« 17
Herr Werholz

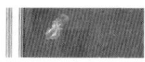 »Die machen mir alles kaputt« 30
Frau Gluth

 »Das wird nichts mehr mit mir!« 38
Frau Bleibtreu

 »Sie haben mich nie hintergangen!« 48
Frau Trampeneau

 »Haben Sie nicht eine Kollegin, die so ähnlich ist wie Sie?« 62
Herr Hermann

 »Und bitten Sie die gnädige Frau um eine gütige Entscheidung« 71
Herr Zimmermann

 »Lieber Gott, ich brauche morgen 2000 Euro!« 77
Frau Henning

»Ich weiß nicht, wie lange das meine Arme noch tragen können!« 85
Familie Surikov

 »Können Sie mich begleiten, meine Kinder loszulassen?« 105
Frau Hansen

 »Ich möchte so gern noch raus aus meinem dunklen Tunnel,
raus ins Licht« 117
Frau Rosenbaum

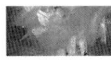 »Seien Sie froh, dass Sie Sie sind!« 133
Herr Schade

 »Bitte sehen Sie nach mir« 145
Frau Wilhelm

 »Ich bin eine hysterische Perfektionistin!« 155
Frau Schumann

 »Ach, haben Sie doch ein bisschen Gottvertrauen!« 163
Frau Giese

 »Ich unterscheide die Ärzte und die vom Staat,
die nichts tun, und bin unter Umständen bereit,
für Sie eine dritte Schublade einzurichten« 171
Gabriel

Mein aufrichtiger Dank 181

Glossar 183

Literatur 186

## »Man müsste das alles mal aufschreiben!«
### Ein fast neidischer Seufzer von Ilse Eichenbrenner

Jede Sozialarbeiterin, ich wette, hat diesen Stoßseufzer nach einem besonders beeindruckenden Hausbesuch oder Klientenkontakt schon einmal losgelassen. Dann geht man zurück ins Büro und schreibt einen knappen Vermerk für die vorgeschriebene Dokumentation. Wer mutig ist, der erwähnt vielleicht das Mobiliar, den Zustand der Wohnung oder die Müllbeutel im Flur. Die politische Korrektheit siegt meistens und man verzichtet auf Details, die als denunzierend gewertet werden könnten. Dann ist die Berufstätigkeit vorbei, und die Geschichten und Eindrücke verblassen. Hätte ich doch!

Monika Staemmler hat. Sie hat als Sozialarbeiterin im psychiatrischen Feld gearbeitet und vieles aufgeschrieben. Ihre »Kundschaft« ist eigenwillig, originell, kreativ, abweisend und möglicherweise leiden viele von ihnen an einer psychischen Störung. Müssen sie behandelt werden? Nein. Monika Staemmler zeigt, dass es abseits der medizinischen Hauptstraße viele kleine Nebenwege gibt, auf denen Sozialarbeiterinnen und Pflegekräfte ungeheuer wertvoll agieren können. Wer in diesem Bereich gearbeitet hat, wird vor sich hin lächeln und sich an Herrn S. und Frau M. oder wen auch immer erinnern. Ja, so einen hatte ich auch. Lehnen Sie sich zurück, kochen Sie einen Kaffee und lassen Sie die Gedanken schweifen. Personen und Behausungen sind so kunstvoll beschrieben, dass sie vor unseren Augen und in unseren Nasen lebendig werden. Und so beweist Monika Staemmler, dass nicht jede detaillierte Beschreibung herabsetzt. Sie schildert mit höchstem Respekt und deutet ausgesprochen wertschätzend die Eigenarten ihrer Klientel als Copingstrategien.

Die Fallvignetten lesen sich – salopp gesagt – runter wie nichts. Ich habe sie eingesaugt. Die Lektüre wäre viel zu rasch vorbei, wenn nicht auf jede Schilderung der Ereignisse eine ausführliche Reflexion folgen würde, die durch einige Fragen strukturiert wird. Die Autorin kommentiert und hinterfragt das Verhalten der Klienten und sucht nach Erklärungen in deren Lebensgeschichte. Aber auch ihre eigene professionelle Begleitung analysiert sie. Nicht alles ist gelungen, manches bereut sie, über vieles freut sie sich – und man ärgert und freut sich mit ihr. Gerade diese differenzierte Haltung macht uns Lesern die Autorin und damit ihre Geschichtensammlung so sympathisch.

Die Kombination von spannenden Fallvignetten und kluger Reflexion machen das Buch aus meiner Sicht auch zu einem wunderbaren Lehrbuch. Es bereitet Studierende und Auszubildende vieler Berufsgruppen auf die unterschiedlichsten Settings in der ambulant-aufsuchenden Arbeit vor. Denken wir nur an das Hometreatment! Und es vermittelt so ganz nebenbei sozialtherapeutische Haltungen und Methoden.

Vielleicht entdecken Sie noch ganz andere Aspekte. Ich war fasziniert von Dresden als Schauplatz sozialpsychiatrischer Arbeit und von den Ost-Biografien der Klienten. Manches kannte ich so nicht. Doch jetzt geht es los: Ziehen Sie sich bequeme Schuhe an, wenn Sie Monika Staemmler bei ihrem Gang durch die Treppenhäuser über die Schulter schauen.

# Mein Weg zu den Klienten – und zu diesem Buch

Wenn ich gefragt werde, was ich arbeite, und antworte, dass ich als Sozialarbeiterin chronisch psychisch kranke Menschen begleite, dann ist die Reaktion meist: »Na, da haben Sie 's ja auch nicht leicht!« oder »Da haben Sie aber eine schwere Arbeit!«. Ich weiß bis heute nicht genau, was ich darauf anderes sagen soll als »Ich mach das gerne!«. In diesem Buch beschreibe ich nun meine Arbeit etwas ausführlicher und hoffe, dass so auch sichtbar wird, warum ich diese Arbeit gerne tue und wie ich dafür sorge, dass es so bleibt.

Ich verdanke meiner Freundin Patricia Paweletz die Anregung, einige Klientengeschichten aufzuschreiben. In einer Fallsupervision ist sie auf meine Arbeit neugierig geworden. Wir saßen zusammen und überlegten, was ich mit all den Geschichten anfangen könnte. Sie fragte mich, ob ich sie nicht aufschreiben will. Die Idee reizte mich. So schrieb ich jeden Monat eine Geschichte. Für manche brauchte ich länger, weil sie sich manchmal so sperrig anfühlten und ich den Grund für das, was passiert war, tiefer erfassen und begreifen wollte.

Ich schrieb diese Geschichten für Kolleginnen und Kollegen, für Betroffene, Angehörige und Freunde psychisch erkrankter Menschen, die auf Beziehungsarbeit neugierig sind. Sie ist ein sehr wichtiger, vielleicht sogar der wichtigste Bestandteil unserer Arbeit in der Psychiatrie. »Wenn die Beziehung steht, geht fast alles!«, so führte mich meine sehr geschätzte Kollegin Hannelore Kahle in die Arbeit mit psychisch erkrankten Menschen in meiner ersten Arbeitsstelle als Sozialarbeiterin ein.

Gemeint ist mit diesem Satz, dass unsere Klientinnen und Klienten sich mit uns sicher fühlen müssen. Dahinter steht eine langjährige Erfahrung. Hannelore Kahle gehört für mich mit einigen anderen Kolleginnen zu den mutigen Vorreiterinnen dieses Ansatzes. Sie hatten schon in den ambulanten Strukturen der DDR-Psychiatrie gearbeitet. Hinter vorgehaltener Hand sprach Hannelore Kahle von »paralegalem Handeln« – jenseits der Gesetze und Anordnungen, wenn offizielle Wege versperrt waren. Diese Sozialarbeiterinnen haben in Sachsen gemeinsam mit Ärzten und Schwestern nach der Wende eine neue ambulante Psychiatrie aus der Wiege gehoben. Das war politisches und sozialpsychiatrisches Engagement zugleich. In den alten Bundesländern suchten sie Kontakt zu vergleichbaren Institutionen, insbesondere den Sozialpsychiatrischen Diensten, die im Aufbau ambulanter Strukturen einige Jahre Vorsprung hatten.

In der DDR gab es Ansätze eines anderen Denkens, dokumentiert in den Rodewischer Thesen von 1963, die nach einem internationalen Symposium über psychiatrische Rehabilitation verabschiedet wurden. Auch wenn die herrschenden Bedingungen, die Inkompetenz erstarrter zentralistischer Parteiführung und das Desinteresse der großen psychiatrischen Anstalten ihre flächendeckende Umsetzung verhinderten, setzte doch punktuell ein Reformprozess ein. In der Folge haben einige mutige Mitarbeiterinnen und Mitarbeiter psychisch kranke Menschen auf Augenhöhe gehoben. Das war neu und hatte durch die DDR-Vorgeschichte eine eigene Note: Aus diktatorischen und hierarchischen Strukturen heraus lernten diese engagierten Menschen der eigenen Fachlichkeit und Wahrnehmung zu trauen.

Darüber sind Jahrzehnte ins Land gezogen. Die Erfahrung, dass Beziehungsarbeit mit psychisch erkrankten Menschen nicht mit Geld aufzuwiegen ist, bestätigte sich dabei immer wieder neu. Beziehungsarbeit braucht Zeit, viel Zeit. Es fühlt sich manchmal an, als würde in der Arbeit mit psychisch erkrankten Menschen eine andere Zeitrechnung gelten. Wer wirklich eine tragfähige Arbeitsbeziehung schaffen will, der muss sich vom heutigen Optimierungswahn verabschieden.

Diese Erfahrung habe ich sehr früh gemacht. Seit 1978 kenne ich einen Mann, der mit 16 Jahren psychisch erkrankte. An seinem Bett in der Nervenklinik wurde Ende der 30er Jahre über lebenswertes oder -unwertes Leben entschieden, über Zwangssterilisierung ja oder nein. Sein Entschluss, zum Militär zu gehen und Medizin zu studieren, rettete ihm rückblickend das Leben. Er entkam nicht nur den NS-Euthanasieaktionen, sondern auf fast wunderbare Weise ebenso der Zwangssterilisation, obwohl sich akute Krisensituationen wiederholten.

Auch in der DDR-Zeit hatte er Krankheitsschübe. Er verweigerte die Medikamente und erlebte, was damals »Zwangsmedikation« bedeutete. Dabei verlor er einen Zahn und ihm wurde ein Arm ausgekugelt. Nach sieben Schüben, so erzählte er mir, entschieden er und seine Frau, die Medikamente abzusetzen. Die vertraute Beziehung bedeutete für ihn Halt und Korrektiv. Er lernte, Symptome früh zu erkennen und ihnen zu begegnen. Gegen die Schlaflosigkeit war es das autogene Training. Mit seinen inneren Stimmen, die auch Namen hatten, war er im Austausch. Außenstehende merkten davon nichts. Vielleicht äußerte er manchmal etwas außergewöhnliche Ansichten. Er war in gutem Kontakt mit seiner Frau, die ihn im Notfall korrigierte. Weitere Klinikaufenthalte gab es nicht.

Dieser alte Bekannte war Facharzt für Bakteriologie und Epidemiologie und Hygienearzt und arbeitete bis zu seiner Pensionierung an einem Institut in der DDR. Die Hygieneärzte waren in der

Nazizeit die Ärzte, die sich unter anderem mit der »Rassenhygiene« beschäftigten und an Entscheidungen nach dem »Gesetz zur Verhütung erbkranken Nachwuchses« beteiligt waren. Er begann noch im »Dritten Reich« mit dem Medizinstudium. Könnte es seine Strategie gewesen sein, sich in die Höhle des Löwen zu begeben, um sich zu retten?

Mir imponierte diese Strategie ungemein, auch wenn sie ohne die sich verändernden Zeitläufte wohl nicht aufgegangen wäre. Jedenfalls trug diese Begegnung dazu bei, während meines Sozialpädagogikstudiums für die Einrichtung eines Studienschwerpunktes für Sozialpsychiatrie einzutreten. Unser Professor Dr. Günter Rexilius, ein Kämpfer für die Enthospitalisierung, führte uns in die Grundbegriffe einer sozialen Psychiatrie ein. Wir waren entflammt.

Warum?

So kurz nach der Wende fühlte sich das noch einmal wie ein Aufbruch aus Unterdrückungsverhältnissen an, aus einer anderen Form von Diktatur, aus medizinischer Dominanz. Gemeinsam mit unserem Professor nahmen wir angehenden Sozialpädagoginnen und Sozialpädagogen 1994 am Weltkongress für Soziale Psychiatrie in Hamburg teil. Wir saugten förmlich auf, was wir dort erfuhren. Wir hörten den Arzt Klaus Dörner und die Psychiatrie-Erfahrene Dorothea Buck, die von dem psychiatrischen Größenwahn in Deutschland sprachen und von der Notwendigkeit, aus der Vergangenheit für die Zukunft zu lernen. Thomas Bock sprach vom Trialog und von den Psychose-Erfahrungen außerhalb der Psychiatrie. Ich interessierte mich zu der Zeit besonders für das Soteria-Projekt, das von Luc Ciompi vorgestellt wurde. Daneben gab es Theater, gespielt von Betroffenen. Das alles wirkte auf uns wie ein Ermutigungs- und Motivationscocktail.

Eifrig und hoch motiviert beschäftigten wir uns mit der Auflösung der Anstalt in Blankenburg und besuchten alle Enthospitalisierungsprojekte. Wir waren ergriffen von der herrschenden therapeutischen Grundhaltung, vom Umgang mit schwer gestörten Menschen auf Augenhöhe. Was wir erlebten, wirkte so normal und so herrlich kreativ.

Seitdem suche ich nach der Normalität im »Verrückten« und nach dem Sinn des »Verrückten«. Ich frage mich, worin sein Nutzen liegt und ob es Zusammenhänge mit der Lebensgeschichte gibt. In meiner »Mitte« sensibilisiert für die Arbeit mit psychisch kranken Menschen wurde ich von einem Schlüsselerlebnis überrascht.

Ich machte ein Praktikum in einem psychiatrischen Krankenhaus. Meine Mentorin lud mich ein, sie zu einem Hausbesuch zu begleiten. Wir stiegen in den vierten Stock des dritten Hinterhauses. Es war dunkel und verwahrlost. Die elektrischen Leitungen lagen noch auf Putz. An der Decke baumelte eine alte Tellerlampe, unter der eine schwache Glühbirne spärlich Licht spendete. Wir klingelten. Nach geraumer Zeit öffnete eine kräftige Frau mittleren Alters in Strickpullover und Schlüpfern. Sie ließ uns ohne großes Gewese ein. Ihr Mann lag im Bett. Sie kroch zu ihm unter die Decke. Wir standen am Fußende und besprachen unser Anliegen. Alles war unspektakulär und schien ganz normal.

Ich war tief beeindruckt von dem Erlebnis. Von diesem Zeitpunkt an war ich mir sicher: So wollte ich arbeiten. Mit den Menschen, die nach ihrer Fasson leben: frei von Normen und für sie stimmig. Als ehemalige DDR-Bürgerin war Unangepasstheit damals natürlich ein hoher Wert für mich. In der Arbeit hat sich derweil mein Urteil ausdifferenziert und mir ist auch der Wert von Grenzen bewusst.

Zwei Jahre später bekam ich eine Arbeitsstelle im ambulanten sozialpsychiatrischen Bereich, und ich rannte mit meiner Lust auf diese Art Arbeit offene Türen ein. Ich fühlte mich willkommen geheißen im multiprofessionellen Team. Wir waren vier Sozialarbeiterinnen, eine Krankenschwester, eine Psychologin sowie eine Ärztin, die den Dienst leitete. Wenn Hilfesuchende in unseren Dienst kamen, ermittelte die Schwester die Zuständigkeit für das vorgetragene Problem. Meist wurde gleich entschieden, wer die Fallverantwortung übernahm.

Meine Kolleginnen und ich streiften durch unsanierte Wohnviertel und stiegen gelegentlich sogar in Abrisshäusern herum, um unsere Klienten zu besuchen und den Kontakt zu ihnen zu halten. Wir wollten ihnen eine veränderte Psychiatrie vermitteln, die angstfreier war und ihre andersartigen Lebenskonzepte akzeptierte. Die Arbeit im Team gestalteten wir in lebendigen, kollegialen Fallberatungen und Ideenkonferenzen.

Ich erlebte noch den letzten »DDR-Charme« der Wendezeit: verkommene Wohnviertel, in denen das alternative Leben pulsierte und das Leben in einem Trabant über mehrere Jahre möglich war. Ich weiß, wie ofenbeheizte Wohnungen riechen, auch wenn der Ofen kalt ist. Ich kenne Hinterhöfe, wo sich die Hausgemeinschaft zum abendlichen Plausch oder zum Feiern traf, auch Plattenbauwohnungen, die zu einem Sammellager oder einer Werkstatt umfunktioniert wurden.

Jetzt ist eine neue Landschaft entstanden, aber der Kern der sozialpsychiatrischen Arbeit ist geblieben. Die Beziehungsarbeit ist immer noch das Wesentliche. Diagnosen und sozialanwaltliche* Interventionen erwähne ich deshalb auch nur am Rande. Die gibt es natürlich trotzdem in einer entsprechenden Dokumentation, die aber hier keine Rolle spielen soll.

Die Geschichten sind authentisch. Details, die zur Identifizierung führen könnten, habe ich verändert. Alle Namen von Klientinnen und Klienten, Ärztinnen und Ärzten, Betreuerinnen und Betreuern sind anonymisiert, einige der Klientinnen verstorben. Denen, die erreichbar waren, habe ich den Text vorgelesen oder überlassen. Ihre jeweiligen Reaktionen werden mit veröffentlicht.

Jeder Geschichte schließt sich eine Reflexion an. Sie ist durch einige Fragen strukturiert:

Was war das Besondere an der Begegnung?
Zu welchen Interventionen hat mich diese Begegnung angeregt?
Was ist davon heute übrig geblieben?

Welche Herausforderung lag in dieser Begleitung?

Welche Bilder habe ich mitgenommen? Welche Sätze sind geblieben?

Was hat die begleitete Person mir Neues vom Leben gezeigt?

Und, wenn die Person noch greifbar war: Was sagt sie zu meiner Geschichte?

Diese Fragen weisen auf meine Schwerpunkte hin und auf meinen Anspruch, meinen Klientinnen und Klienten wertschätzend zu begegnen. Ich machte mich auf den Weg, ihre Signale zu entschlüsseln. Langsam entwickelte sich ein offeneres Verständnis für ihre Erkrankung. Ich begann schließlich, das Normale in dem Verrückten zu suchen.

Herr Werholz behauptete seinen Anspruch auf einen Platz neben Jehova. Frau Trampeneau prüft genau, wer es ehrlich meint, und kämpfte um ihre Selbstbestimmung. Herr Schade zeigte seine Sehnsucht, ein anderer, freier Mensch zu sein. Familie Surikov suchte vor allem Ruhe. So verdreht sie alle auch erscheinen mögen, so leicht ist doch zu verstehen, dass hier ganz normale Bedürfnisse artikuliert werden.

Trotz aller Bemühungen reichten die Kräfte mancher Klienten nicht aus, um Ängste, qualvolle Zwänge oder diffamierende Stimmen weiter zu ertragen. Sie entschieden sich, aus dem Leben zu gehen. Manchmal ging dieser Entscheidung ein zähes Ringen um das noch Lebenswerte voraus.

Ich erlebte mich zuweilen auch ratlos und hilflos, dem Tod nichts Besseres entgegensetzen zu können. Das war schwer auszuhalten und zeigte mir die Grenzen jeder Bemühung um die Beziehung auf.

Gleichzeitig sind viele Begegnungen mit Klientinnen und Klienten als ein unerschöpflicher Schatz in mir verankert, auf den ich immer wieder zurückgreifen kann. Ich habe viel von meinen Klientinnen und Klienten gelernt. Dafür bin ich sehr dankbar, darum mache ich meine Arbeit immer noch gerne.

Und immer noch bin ich neugierig auf Biografien und soziale Zusammenhänge – und ich hoffe, Sie sind es auch. Meine systemische*▲ Ausbildung hat mich ermutigt, andere Perspektiven einzunehmen, kreative Methoden einzusetzen und unkonventionelle Wege zu gehen. Wenn mein Buch Sie dazu auch ermutigen sollte, hat es seinen Zweck erfüllt.

Übrigens erleichtert ein multiprofessionelles Team ein multiperspektivisches Herantasten an eine Person ganz enorm. Nutzen Sie den Vorteil medizinischer, psychologischer und sozialer Sichtweisen und individueller Begabungen im Team. Es ist eine wunderbare Ressource und oft auch ein Rückhalt für jede Beziehungsarbeit!

▲  *Begriffe werden im Glossar am Ende des Buches erklärt.

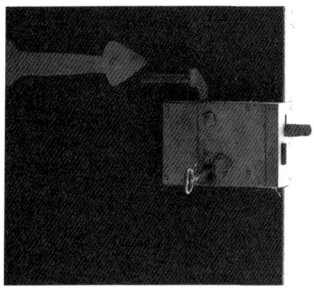

# »Jetzt hab ich die Schlüssel!«
## Herr Werholz

Es war mein allererster Arbeitstag. Meine Kollegin Hannelore Kahle arbeitete mich ein. Wir waren auf dem Weg zum ersten Hausbesuch. Im Auto wurde ich mit einigen notwendigen Informationen versorgt, die Herrn Werholz betrafen: Er sei uns durch das Sozialamt bekannt geworden, weil er aus Altersgründen Rente beantragen müsste. Bis jetzt lebte er von Sozialhilfe. Die Bearbeiterinnen vom Amt meinten, er sei so verwirrt, dass sie sich nicht vorstellen könnten, dass er je gearbeitet hätte. Unser Auftrag war also, mit Herrn Werholz Rente zu beantragen.

Herr Werholz bewohnte in einer Stadtrandsiedlung zwei kleine Zimmer. Die Wohnungstür war mit einer komplizierten »Schließanlage« versehen. Wir klopften an. Schlösser und Verschraubungen wurden geöffnet. Wir stellten uns vor und sagten ihm den Grund unseres Kommens. Wir konnten eintreten.

Hannelore begann Herrn Werholz zu erklären, dass er jetzt das Alter habe, in dem er Rente beantragen müsse, weil das Sozialamt nicht mehr zahle. Er würde zu Ämtern gehen müssen und wir würden ihn begleiten. Er verstand, dass es um Geld ging, das er zum Leben brauchte. Er wiederholte jeden Satz, horchte dann in sich hinein und sagte mit kehliger Stimme wie zu sich selbst: »Ach so ist das! Ach so ist das!« Ob er damit auf den Kommentar seiner inneren Stimmen reagierte oder es einfach seine Angewohnheit war, wussten wir nicht. Wir hatten das Gefühl, ihn zu erreichen.

Da ich die »Assistentin« war, wie er mich später nannte, hörte ich, wie die beiden ins Gespräch kamen, und sah mich ein bisschen im Zimmer um: In der Mitte stand ein relativ großer Holztisch. Wir saßen auf einfachen Eisengartenstühlen mit Holzlatten. Rechts ein brauner Kachelofen, davor eine Zinkwanne mit Wasser. An der Wand hing ein Tauchsieder. Quer durchs Zimmer war eine Leine gespannt, die wohl bei Bedarf als Wäscheleine diente. Neben der Tür befand sich eine einfache Kommode, darauf stand ein Elektrokocher, lindgrün angestrichen. An der mir gegenüberliegenden Wand befand sich ein Holzbett, darauf die blanke Matratze, eine Decke, ein Keilkissen. Über dem Bett hing eine Holztafel mit einem Jehova-Spruch. Den Inhalt erinnere ich nicht mehr. Alles war lindgrün gestrichen.

Herr Werholz berichtete von Schlangen in seinem Körper, die ihn läuterten, damit er einst im Jenseits einen Platz neben Jehova bekäme. Er könne die Schlangen als getrocknete Borke aus seiner Nase ziehen, aber sie würden immer wieder nachwachsen. Radarschall wolle ihn vom rechten Weg abbringen, aber er sei Sonne und Schild und stände mit den himmlischen Heerscharen in Verbindung. Er sei in den Himmel gefahren und in einem zweiten Körper wieder zur Erde gekommen. Seitdem sei er in verschiedenen Personen wiedergeboren worden wie dem Graf von Monte Christo, der Jungfrau Maria, Beethoven oder in den Körpern von Findlingskindern.

Nach einer ganzen Weile fragte Hannelore, ob er denn noch seinen grünen Sozialversicherungsausweis aus der DDR habe. »Nein«, entgegnete er, »meine ganzen Papiere haben sie in Waldheim geklaut!«

Bei dem Wort »Waldheim« wurden wir sehr hellhörig. Das war in der DDR eine berüchtigte Justizvollzugsanstalt gewesen. Nach einer Weile sagte Herr Werholz, dass im neuen System rechts, wo das Recht 111 herrsche, Unrecht gerecht werde. Das klang erst mal positiv, auch wenn ich den Inhalt nicht einordnen konnte.

Für mich blieb zwar ziemlich viel unverständlich, aber für Hannelore schien alles sonnenklar zu sein. Während Herr Werholz von den himmlischen Heerscharen redete, schaute sie ihm ruhig in die Augen, nickte zustimmend und förderte seinen Redefluss durch kleine verständnisvolle Bemerkungen. Plötzlich holte er seinen Sozialversicherungsausweis, obwohl der vor einer Stunde noch »geklaut« gewesen war.

Der Beziehungsaufbau beginnt damit – so lernte ich –, dass der Klient entscheidet, ob er uns in seine Wohnung einlässt. Es geht nicht in erster Linie um das Verstehen psychotischer Inhalte. Die Hauptsache war die Herstellung der emotionalen Augenhöhe.

Hannelore warf einen geübten Blick auf das »wertvolle« Stück und zeigte mit dem Finger auf einen Stempel: »Waldheim«! Später erfuhren wir, dass Herr Werholz dort zehn Jahre inhaftiert gewesen war, weil er als junger Mann Anfang der 50er Jahre den »Wachtturm«, eine Zeitschrift der Zeugen Jehovas, von West- nach Ostberlin geschmuggelt hatte und bei einer Leibesvisitation erwischt worden war.

Hannelore erklärte Herrn Werholz, dass wir ihm mit dem Sozialversicherungsausweis zur Rente und damit zur Existenzsicherung verhelfen konnten: Geld brauche er schließlich, damit er Kohlen kaufen könne, um die Stube zu heizen. Das war der Durchbruch.

Herr Werholz wollte den Ausweis aber nicht zum Kopieren hergeben. Das konnte er nur unter seiner Aufsicht zulassen.

Also verließen wir gemeinsam die Wohnung, um die Kopien herzustellen. Herr Werholz trug einen lindgrünen Anorak, eine weiße gestrickte Damenmütze und hängte sich eine weiße Lackhandtasche um. Er begann, an der Tür mehrere große Schrauben von innen nach außen zu schieben und doppelt mit Muttern zu versehen. Ober- und unterhalb des Türschlosses waren Vorrichtungen für große Vorhängeschlösser angebracht, die Herr Werholz einhängte und verschloss. Als er den großen Schlüsselbund einsteckte, hörte ich, wie er in sich hineinmurmelte: »Es ist wie in Waldheim, nur jetzt hab ich die Schlüssel!«

Als wir dann die Rente beantragen wollten, stellten wir fest, dass Herr Werholz nur seinen alten DDR-Personalausweis hatte. Wir mussten einen neuen beantragen. Herr Werholz bestand darauf, dass eine bestimmte Zahlenkombination für sein Geburtsjahr 1928 mit in den Ausweis gehöre. $(13 \times 10 + 111) \times 8$ sei gleich 1928. Das sei die Verschlüsselung für Einigkeit und Recht und Freiheit und ergab sein Geburtsjahr, erklärte er uns. Hier erschien die Zahl 111 noch einmal, das gute Recht, wie wir nun erfuhren. Alles Zureden half nicht, er konnte nicht darauf verzichten. Schließlich solle, so forderte er, auch sein Geburtsort gelöscht werden, und als er bei der Polizei unterschreiben sollte, bestand er darauf, mit seinem Jehova-Namen zu unterschreiben, »Hermann Werholz Jehoschua-Jemen 68«. Schließlich legte der Beamte ihm ein weißes Blatt Papier vor und sagte, er solle darauf Hermann Werholz schreiben. Das hat er dann gemacht – und eine 68 dahinter. Als wir den Ausweis abholten, hatten sie den Namenszug kopiert. Das war sehr einfallsreich von der Polizei. Wir waren ihr dankbar.

Damit war der größte Stolperstein für die Rente überwunden. Der Sozialversicherungsausweis zeigte eine durchgängige Arbeitsbiografie, bis der Stempel von »Waldheim« sichtbar wurde. Dem Rentenantrag wurde zügig stattgegeben. Dieser Erfolg untermauerte die Beziehungsarbeit. Wir hatten alle Versprechen gehalten. Was wir taten, unternahmen wir in seinem Beisein, es war für Herrn Werholz immer transparent. Er konnte die Kontrolle behalten, sein Vertrauen wuchs.

Eine Schwierigkeit blieben allerdings Arztbesuche. Herr Werholz hatte Angst vor jeglichen Untersuchungen. Wir wussten nicht, was er erlebt hatte, aber er hatte immer die Angst, »fortgeschafft« zu werden. Hannelore musste ihm dann in die Hand versprechen, dass wir ihn begleiten und wieder nach Hause bringen. Ich muss gestehen, dass ich sehr beeindruckt war, in welcher Ruhe und Gelassenheit Hannelore die Gespräche führte. Wieder wurde mir deutlich, wie entlastend es ist, den Inhalt der Worte nicht gleich verstehen zu müssen, wie wichtig die emotionale Verbindung ist.

Später, nachdem Herr Werholz uns selbst von seinem Gefängnisaufenthalt berichtet hatte, erzählte Hannelore ihm von dem 1. SED-Unrechtsbereinigungsgesetz. Darin stehe, wer schuldlos im Gefängnis saß, könne eine Rehabilitierung beantragen und eine Entschädigung bekommen. Das interessierte ihn, führte aber zum nächsten Stolperstein: eine Betreuungsanregung durch die Entschädigungsstelle der Generalstaatsanwaltschaft des Freistaates Sachsens. Die Begründung war, es gebe keine hinreichenden Anhaltspunkte dafür, dass Herr Werholz seine Vermögensangelegenheiten selbst regeln könne. Das irritierte Herrn Werholz. Er sagte: »Der Vater vom Staatsanwalt schleicht ums Haus und will das Geld holen und verteilen.« Unsere Ärztin und Hannelore begleiteten ihn zur Anhörung ins Gericht. Das gesamte Team stand an diesem Tag unter Spannung.

Die Anhörung fand im Zimmer 111 statt. Das erschien uns im Nachhinein wie ein Zeichen, denn die 111 war für Herrn Werholz ja die Zahl für das gute Recht. Jedenfalls war er ganz entspannt. Als er begründen sollte, warum er die Betreuung ablehne, sagte er: »Das ist ja keine Million!«, also auf gut Deutsch: Das ist doch überschaubar, was ich da bekomme. Und dann meinte er mit völliger Selbstverständlichkeit: »Wenn ich 'ne Frage hab, hab ich meine Fürsorgerin, die passt auf!«

Unsere Ärztin teilte diese Einschätzung und legte sie im Gutachten sehr nachvollziehbar und detailliert für den Richter dar. Als Beweis führte sie sein Kassenbuch an, in dem Herr Werholz Einnahmen und Ausgaben bis auf zwei Stellen nach dem Komma aufgeschrieben hatte. Das Betreuungsverfahren wurde eingestellt. Wir haben das im Team gefeiert!

Beziehungsarbeit als Teil des sozialanwaltlichen* Handelns beinhaltet, dem Klienten Anträge verständlich zu machen und Punkt für Punkt mit ihm durchzugehen. Genauso haben wir es bei Herrn Werholz mit dem Antrag auf den Personalausweis, die Rente und die Entschädigung und Rehabilitierung nach dem 1. SED-Unrechtsbereinigungsgesetz gemacht. Auf die Entschädigung hatte Herr Werholz Anspruch, weil er zu Unrecht inhaftiert gewesen war. Unsere Aufgabe war es, das zu erkennen. Von allein wissen die meisten Klienten kaum, was ihnen zusteht. Oder was mit dem, was ihnen zusteht, möglich ist.

Herr Werholz hatte jetzt eine ordentliche Summe auf seinem Konto und er hatte Träume. Sein sehnlichster Wunsch war eine weiße Ledercouch. Das war eine unvergessliche Aktion. Er lebte plötzlich auf, so als wäre er mit dieser Couch gesund geworden. Als dann noch Edelstahltöpfe auf dem blank gescheuerten Tisch standen, schien alles in Ordnung. Herr Werholz brauchte uns eigentlich nicht mehr, er kam aber immer in unser Freitagscafé, ein niedrigschwelliges Angebot unserer Dienststelle.

An einem Freitag kam er nicht. Auch zum nächsten Termin erschien er nicht. Wir fuhren hin. Die Wohnungstür war verschlossen. Wir fragten die Nachbarn. Die kannten uns schon, hatten unsere Telefonnummer für den Notfall und waren uns gewogen. Sie erzählten, dass jemand gestürzt und von einem Helikopter abgeholt worden sei. Wir riefen die Rettungsleitstelle und alle Krankenhäuser an, ohne Erfolg. Herr Werholz war wie vom Erdboden verschluckt. Da er manchmal auch über Wochen mit seinem Fahrrad in ganz Deutschland unterwegs gewesen war, hatten wir Hemmungen, die Wohnung öffnen zu lassen. Seine Lebensgeschichte verbot uns das. Nach ausführlichen Beratungen im Team entschieden wir uns schließlich doch dafür.

Hannelore war dabei und die Männer von der Feuerwehr. Sie fanden Herrn Werholz auf seiner weißen Ledercouch. Er war verstorben, friedlich, im Schlaf.

Mit dieser unerwarteten Nachricht mussten wir erst einmal fertig werden. Wir hatten uns so für ihn eingesetzt und nun hatte er seine Erfolge gar nicht so lange genießen können. Wir hatten gefeiert und nun mussten wir trauern. Beides innerhalb eines halben Jahres. Wir brauchten einen Abschluss.

Herr Werholz hatte keine Angehörigen. Hannelore und ich kümmerten uns um seine Bestattung. Wir gingen zur Nachlassstelle. Die Sachbearbeiterin fragte, ob Herr Werholz ein Testament hinterlassen habe. Nein, sagte Hannelore, ein schriftliches Testament habe er nicht hinterlassen, aber sie habe gehört, dass er im Café mit den anderen darüber gesprochen habe, dass er sich, wenn er mal sterbe, einen weißen Sarg, einen Marmorgrabstein und ein großes Blumengebinde wünsche. Weiß bedeute die Unschuld, und die sei nun erwiesen. Die Sachbearbeiterin nahm alles zu Protokoll.

Ich war beeindruckt von Hannelores Weitsicht. Der endgültige Unschuldsbeweis sollte öffentlich auf dem Friedhof mit einem weißen Grabstein aufgestellt werden. Im gleichen Sinne der weiße Sarg. Sozialanwaltliches Handeln hatte Hannelore als Aufgabe bis zum Tod definiert. Sie wusste, dass Herr Werholz sein Entschädigungsgeld in dieser kurzen Zeit nicht ausgegeben hatte und seine Wünsche erfüllt werden konnten.

Und so war es. Der Tag der Beerdigung war ein schöner Sommertag. Wir beiden Sozialarbeiterinnen waren die sogenannte Trauergemeinde, die gemeinsam mit dem Pfarrer hinter dem weißen Sarg hergingen. Wir trugen ein großes Blumenbouquet und konnten an dieses bemerkenswerte Leben denken und uns von diesem bemerkenswerten Menschen verabschieden.

**Was war das Besondere an der Begegnung?**
Diese Begegnung war für mich in zweierlei Hinsicht bedeutsam: Einmal bewegte mich die Geschichte von Herrn Werholz und dann die Möglichkeit, eine erfahrene Sozialarbeiterin zu begleiten und von

ihr zu lernen. Es war für mich ein Sprung mitten ins Herz der Sozialpsychiatrie. Und dann war Herr Werholz sowohl für Hannelore wie für mich ein Mensch, der seine Würde und seine Werte trotz der furchtbaren Erfahrungen in Waldheim bewahrt hatte. Dreißig Jahre hatte er von Sozialhilfe gelebt, ohne sich zu verschulden. Das nötigte uns Hochachtung und Respekt ab.

Wir wollten ihm Gerechtigkeit verschaffen. Da hatte ich in Hannelore Kahle ein unerschrockenes Vorbild. Das wollte ich von ihr lernen. Herr Werholz sollte seinen Frieden bekommen und seinen Platz neben Jehova. Wobei wir nie an seinen Tod dachten. Es entstand so ein Bedürfnis, ihm Wünsche zu erfüllen. Nichts erschien unmöglich: eine neue Wohnung, eine Reise nach Kanada, ins Land der großen Freiheit, wohin er so gern wollte. Warum auch nicht? Schließlich war er doch schon mit seinem alten Fahrrad durch ganz Deutschland gefahren.

Durch die Begleitung Hannelore Kahles habe ich in erster Linie gelernt, vorurteilsfrei an die Arbeit zu gehen. Sie riet mir, die Krankenakte erst nach der ersten Begegnung zu lesen, um unbefangen zu sein. Psychisch kranke Menschen sind oft so dünnhäutig, dass sie schnell spüren, wenn wir mit einer fertigen Meinung zu ihnen kommen.

Und noch etwas hat mir ihr Beispiel im Umgang mit Herrn Werholz gezeigt: Es gilt, mit großer Verlässlichkeit das zu tun, was wir gesagt haben.

**Zu welchen Interventionen hat mich diese Begegnung angeregt?**
Bei Herrn Werholz ging es in erster Linie um das Ausschöpfen seiner Rechtsansprüche und um die Rehabilitierung seiner Person. Es ging darum, geschehenes Unrecht wiedergutzumachen, soweit das möglich war. Das Entschädigungsgeld war das Zeichen. Die Durchsetzung von Renten- und Entschädigungsansprüchen war das Hauptanliegen und der Auftrag. Die psychische Erkrankung spielte für uns nur eine untergeordnete Rolle. Alles, was wir taten, z.B. ihm zu einer neuen

Wohnung zu verhelfen, hatte im Kern damit zu tun. Wir ließen die Verwaltung seines Geldes ganz ohne Sorge in seiner Verantwortung. Wir konnten ihn nicht als Kranken sehen, sondern als Menschen. Es war eine Beziehung auf Augenhöhe. Er betrachtete uns nicht als Fürsorgerinnen – wir hatten keine Ahnung, woher er dieses Wort kannte –, sondern Hannelore als seine Begleiterin und mich als ihre Assistentin.

Mir ist auch aufgefallen, dass Hannelore mit dem Wort »Hilfe« oder mit dem Satz »Wir helfen Ihnen« äußerst sparsam umgegangen ist. »Begleitung« ist etwas anderes. Das lässt Spielräume, sich zu beraten, sich einzubringen, selbst zu handeln. Hilfsbedürftigkeit macht klein und abhängig.

### Was ist davon heute übrig geblieben?

Herr Werholz war für mich der erste »Fall« im sozialpsychiatrischen Arbeitsfeld, meine praktische Einführung in Einzelfall- und Beziehungsarbeit. Die Arbeit war die Tür von der Theorie zur Praxis. »Ach so ist das« war auch mein Resümee. Diese Erfahrung der Bedeutung emotionaler Augenhöhe prägte mit der sozialpädagogischen Anamnese und der Auftragserarbeitung meinen Umgang mit meinen Klientinnen und Klienten. Es hat sich mir wie ein berufliches Credo eingeprägt: Beziehungsaufbau und Sicherung der elementarsten Lebensbedürfnisse sind eng aneinander geknüpft.

Wenn der Auftrag erfüllt ist, ist es gut, den Kontakt auf einem niedrigeren Niveau zu erhalten und da auch ein bisschen erfinderisch zu sein. Zuverlässigkeit und Erreichbarkeit sind wichtig, und zuletzt einen klaren Abschluss zu gestalten ist gut für die eigene Seele.

Die Fallbegleitung von Herrn Werholz vermittelte mir ein praktikables Fallverstehen, eine akzeptierende Grundhaltung und eine erste Vorstellung von Teamarbeit.

**Welche Herausforderung lag in dieser Begleitung?**
Die Herausforderung war, Herrn Werholz Recht zu verschaffen und ihm seine Freiheit zu erhalten. Wir wollten sein Leben, so verrückt es auch war, bei ihm lassen. Er hatte sich was dabei gedacht.

Es gab im Laufe der Begleitung noch eine kritische Situation, von der mir Hannelore später erzählte: Herr Werholz suchte sein Portemonnaie, weil er ihr beweisen wollte, dass er Geld hatte. Als er es fand, war kein Geld drin und er behauptete, dass sie es gestohlen hätte. Hannelore versicherte ihm, dass sie so etwas niemals tun würde, und gab ihm ihre Tasche, damit er selbst nachsehen konnte. Aber das überzeugte Herrn Werholz nicht. Sie schlug ihm vor: »Dann gehen wir jetzt zur Polizei und zeigen das an!« Er wurde stutzig. Sie bot ihm an, noch mal gemeinsam zu suchen. Vielleicht hatte er es ja in eine Hosentasche gesteckt? Herr Werholz fand es dort und entschuldigte sich.

Trotz einer guten Beziehung ist es äußerst wichtig, wach und aufmerksam in der Situation zu bleiben.

**Welche Bilder habe ich mitgenommen?**
**Welche Sätze sind geblieben?**
»Jetzt hab ich die Schlüssel!« Das war der Ausdruck des wiedergefundenen Selbstwertgefühls.

Ich war immer wieder erstaunt von seiner Klarheit. Er fühlte sich zu Recht durchaus imstande, das Geld, das ihm zustand, zu verwalten. Auch das, was uns zunächst unverständlich erschien, hatte für ihn durchaus Sinn. Dazu gehörte eine Zahlensprache, die er sich im Gefängnis ausgedacht hatte, mit der 111 für das gute Recht.

Wenn ich sein Leben als Ganzes betrachte, dann sehe ich Herrn Werholz als 16-Jährigen, wie er in der Wolfsschanze auf Hitler eingeschworen wurde. Nach dem Krieg fand er Aufnahme bei den Zeugen Jehovas, für die er sich engagierte, indem er den »Wachtturm« am eigenen Leibe über die Grenze schmuggelte. Das brachte Herrn Werholz zehn Jahre Zuchthaus ein. Nach seiner Entlassung wurde er aus ihrer Gemeinschaft ausgeschlossen, wegen Gotteslästerung, weil er den Platz neben Jehova beansprucht hatte.

Über Jahrzehnte ertrug er die Qual des Wahns und lebte dreißig Jahre in tiefster Armut, ohne Schulden, aber dennoch in aller Sauberkeit. Mit einem Tauchsieder erhitzte er das Wasser in einer alten Zinkwanne und wusch seine Wäsche mit Wäschestaucher und Waschbrett. Wer kennt solche Bilder heute noch?

Es war berührend, dass wir belegen konnten, dass die in der DDR ausgesprochene Verurteilung rechtsstaatswidrig war. Damit war Herr Werholz rehabilitiert und bekam eine ordentliche Entschädigungssumme. Zusammen mit seiner monatlichen Rente wäre diese ein Baustein für eine sorgenfreie Zukunft gewesen.

Leider ist durch die Anregung der Betreuung durch die Entschädigungsstelle ein Verfahren ins Laufen gekommen, das die Auszahlung um Monate verzögerte. Wenn ich daran denke, dass Herr Werholz diese Zeit noch auf seiner weißen Ledercouch hätte sitzen können, bekomme ich noch nachträglich große Wut. Sein unerwarteter Tod lässt vielleicht die Deutung zu, dass dieses Rehabilitationsverfahren für ihn die letzte Prüfung seiner Sehnsucht nach Recht und Gerechtigkeit war. Nun hatte er sein Recht und seinen Frieden – und hoffentlich auch seinen Platz neben Jehova.

Für Hannelore und mich hat sich das Leben von Herrn Werholz Stück für Stück wie ein Mosaik zusammengesetzt. Erst konnten wir das Bild nicht im Ganzen erkennen, sondern nur ein paar Einzelteile sehen. Langsam erschloss sich ein logisches Lebenskonzept. Zuerst war das Zimmer wie eine Gefängniszelle, zu der er aber die Schlüssel besaß. Später erfuhren wir, dass er mit dem Rad quer durch Deutschland gefahren war und auch im Großen Übersicht hatte. Trotz der Zuchthauserfahrung konnte er seine selbst gewählte Zelle zu Ausflügen in die Freiheit verlassen.

An dieser Stelle wird vielleicht auch erkennbar, wie sehr ich es genossen habe, mit Hannelore immer wieder die Arbeit mit Herrn

Werholz zu reflektieren und an ihrer langjährigen Erfahrung zu partizipieren. Ich war berührt und konnte mit ihr darüber reden. Es war ein gutes Gefühl, dass auch Hannelore interessiert daran war, ihre Erfahrungen weiterzugeben.

**Was hat Herr Werholz mir Neues vom Leben gezeigt?**
Alles an dieser ersten Begegnung mit einem psychisch erkrankten Menschen bei sich zu Hause erschien mir in einem neuen Licht und nicht vergleichbar mit meinen Erfahrungen aus psychiatrischen Kliniken.

Ich hatte noch nie zuvor ein solch spartanisches Zimmer gesehen. Dennoch konnte Herr Werholz mehr schlecht als recht darin leben. Eine Milchkanne unter dem undichten Abfluss und viele andere Provisorien berichteten davon, dass Leben auch so gehen kann. Herrn Werholz waren ganz andere Werte wichtig: die Schlüssel zu haben und selbst zu bestimmen.

Meine ersten Gespräche mit schizophrenen Menschen in der Klinik waren vor allem so anstrengend gewesen, weil ich mir unglaubliche Mühe gegeben hatte, ihre Sprache zu verstehen und darin etwas zu finden, woran ich anknüpfen konnte. Als ich erlebte, wie Hannelore mit Herrn Werholz sprach, war ich erstaunt, wie »normal« das alles klang. Es ging zunächst um die emotionale Augenhöhe. Die psychotischen Inhalte wiederholten sich stetig. Es brauchte Zeit, diese apokalyptischen Bilder einzuordnen. Wenn Herr Werholz von den Schlangen in seinem Körper sprach, die ihn läutern sollten, musste man auch darüber nachdenken, ob er körperliche Schmerzen haben könnte. Spannend und neu war, sich über solche Inhalte auszutauschen.

Ich erlebte eine gute und kollegiale Zusammenarbeit. Da war viel Unterstützung im Team. Unsere Ärztin begleitete den Prozess sehr einfühlsam. Sie stärkte uns den Rücken. Ich bekam ein Gefühl, was gute Teamarbeit in der sozialen Psychiatrie bewirken kann. Ich lernte gleichzeitig, welche Kompetenzen auch schwer kranke Menschen haben, die sie durchs Leben bringen. Es wundert mich noch heute, dass Herr Werholz nach seiner Entlassung aus Waldheim nicht dauerhaft hinter den Mauern der DDR-Psychiatrie verschwand. Es muss etwas gegeben haben, was ihn davor bewahrt hat. Wir wissen nicht, was es war.

Wichtig war für mich die Erfahrung, dass Transparenz die Arbeit leichter macht. Damit meine ich, mit den Klienten zu besprechen, was zu tun ist, und nur so weit zu gehen, wie sie mitgehen können. Theoretisch wusste ich das schon aus dem Studium. Praktisch war es eine entlastende Erfahrung und erwies sich als Grundstein für die notwendige emotionale Augenhöhe.

In der sozialen Psychiatrie kann einem jederzeit Unerwartetes geschehen. Herr Werholz gab mir zu dieser Erfahrung die erste Gelegenheit. Er starb, ohne mit uns den Erfolg zu genießen. Das löste Gefühle der Frustration aus, auch der Wut. Es ist dann gut, diesen Beachtung und Reflexion zu gewähren. Ich habe gelernt, wie wichtig Abschied nehmen ist.

Und ich habe gelernt, Gelungenes mehr wertzuschätzen. Hier erlebte ich zum ersten Mal, dass Erfolge unter den Mitarbeiterinnen gefeiert wurden. Damit wurde die Leistung der Teammitglieder gewürdigt und die Arbeit wieder in den Zusammenhang des gesamten multiprofessionellen Teams gestellt.

Ich finde es wunderbar, dass Kreativität im sozialpsychiatrischen Kontext ein gefragtes Gut ist!

## »Die machen mir alles kaputt«
## Frau Gluth

Frau Gluth war eine hochbetagte Dame. Sie nannte mich Paula, weil sie sich meinen Namen nicht merken konnte. Ich erlaubte es ihr aufgrund ihres Alters und ihrer originellen Art.

Frau Gluth hatte Power und wir kamen schnell in Kontakt. Sie erklärte mir unumwunden, dass ständig Diebe in der Wohnung seien und ihr Eigentum zerstörten. Als Beweis zeigte sie mir angeschlagenes Geschirr, alte Strumpfhosen mit Laufmaschen, Sandalen mit zerrissenen Riemen und die gezogenen Fäden an den Polstermöbeln. Schrankschlüssel seien verschwunden, Wäsche sei ausgetauscht worden. Frau Gluth weinte. »Die machen mir alles kaputt, was ich mir zusammengespart hab! Ich halt das nicht mehr aus, Paula!« Sie zeigte mir ein ganzes Bündel Quittungen für ausgewechselte Türschlösser. Nichts habe geholfen. Die Polizei, die sie immer wieder gerufen habe, könne auch nichts tun, wenn sie die Diebe nicht erwische oder Zeugen habe. Ein Polizist hätte sogar gesagt: »Das alte Zeug!«, was Frau Gluth sehr wütend gemacht hatte. Sie wisse genau, wer dafür verantwortlich sei: die Frau von obendrüber und deren Komplizen!

So begann unsere gemeinsame Geschichte. Ich versuchte mich in ihr Leiden einzufühlen: »Das haben Sie sich alles mühsam zusammengespart und Ihre Freude dran gehabt. Das muss schlimm für Sie sein, dass Sie jetzt die Gewissheit haben, hier kommt jemand rein und zerstört Ihre Sachen! Und alles, was Sie schon versucht haben, sich da selber zu helfen, hat nichts genützt? Selbst die Polizei kann nichts machen. Ja, da wäre ich auch traurig.« Frau Gluth fühlte sich verstanden. Das war ihr wichtig, auch wenn ich, genau wie die Polizei, nichts tun konnte. Ich kam von da an regelmäßig zu Hausbesuchen und lernte Frau Gluth kennen, ihren Alltag und ihr Leben.

Frau Gluth lebte sehr bescheiden und hatte einen gut organisierten Tagesablauf. Sie hatte eine kleine, blitzsaubere Wohnung. Im Schlafzimmer stand eine Nähmaschine, mit der sie aus alten Dingen wieder etwas hübsches Neues herstellte. Wenn sie mir erzählte, was es gestern zu Mittag gab, dann kam es mir so vor, als schmeckte ich das auf der Zunge. Zweimal im Jahr gingen wir gemeinsam in den Keller, um die Oster- oder die Weihnachtskiste heraufzuholen. Ich habe noch nie zuvor erlebt, dass es angesichts dieser Dinge, die zum Teil aus ihrer Kindheit stammten, eine solche Wiedersehensfreude gab. Mit welcher Zärtlichkeit und leuchtenden Augen sie die alten Papp-Osterhasen oder den Nussknacker aus dem schützenden Zeitungspapier wickelte und in den Händen hielt!

Allerdings wohnte nicht jeder Begegnung so viel Romantik inne. Dann stand Frau Gluth schon gestiefelt und gespornt vor der Haustür und wartete auf mich: »Paula, wir müssen sofort zum Friedhof. Die haben mich angezeigt. Ich soll meine Mutter ermordet haben und jetzt haben sie die Urne ausgegraben, um sie untersuchen zu lassen!«

»Wie kommen Sie denn darauf?«

»Ich habe das gehört! Im Haus reden alle darüber!«

Ich wusste, es führte kein Weg daran vorbei. Wir mussten zum Friedhof. Frau Gluth untersuchte das Urnengrab genau, konnte aber keine Spuren oder Risse im Erdreich finden. Sie erzählte, wie gut und wie gesellig ihre Eltern gewesen waren, und schaffte es damit, sich aus der etwas merkwürdigen Situation zu manövrieren und mich zu einer Tasse Kaffee einzuladen.

Es hatte sich noch eine andere Idee in Frau Gluths Leben eingeschlichen. Wenn sie am Fenster stand und hinaussah, dann sah sie wackelnde Autos, auf die sie deutete, und sagte, dass die da drinnen es gerade trieben. Sie war davon überzeugt, dass es Leute gab, die im Auto vor ihren Augen Sex hatten. Das regte Frau Gluth wahnsinnig auf. »Paula, wenn ich fernsehe, dann geht der Film noch keine Viertelstunde, dann springen die schon ins Nest! Nein, das gabs bei uns nicht!« Das von ihr immer wieder unvermittelt wahrgenommene Thema Sexualität war allgegenwärtig. Auch wenn im Sozialamt eine vollbusige Mitarbeiterin den Gang entlangkam, kommentierte Frau Gluth das sofort: »Bei der hüpfen se ja gleich raus!«

Frau Gluth war sehr temperamentvoll. Ich konnte mir gut vorstellen, wie sie früher, als sie in der Fabrik gearbeitet hatte, die ganze Brigade bei Laune hielt oder wie sie mit ihrer Freundin tanzen ging. Einmal hatte sie das Sonntagskleid ihrer Mutter für sich geändert und eine große rote Rose in Bauchhöhe aufgenäht, was ihr natürlich mütterlichen Ärger einbrachte.

Nicht alle ihre Geschichten waren lustig. Einer ihrer Brüder war im Krieg gefallen. Auch ihr Schatz hatte in den Krieg ziehen müssen. Als er aus der Gefangenschaft zurückkam, war er nicht mehr der Mann, den sie geliebt hatte. Er war völlig verändert. Ein paar Jahre haben sie es zusammen ausgehalten, dann ließ sich Frau Gluth scheiden und zog die gemeinsame Tochter allein groß.

Jetzt war Frau Gluth sehr einsam. Die Tochter wohnte weit weg und hatte ihre eigenen Sorgen. Die Freundinnen und Arbeitskollegen waren alt oder lebten nicht mehr.

Ich versuchte, ihr ein bisschen Gesellschaft zu organisieren. Das brauchte sehr viel Überzeugungskraft. Eine Ergotherapeutin durfte schließlich ins Haus. Nach ein paar Wochen konnte ich sie mit der Ergotherapeutin überzeugen, an einer Gruppe teilzunehmen. Zweimal in der Woche nahm sie ihren Rollator und machte sich auf den Weg. Mit geschickten Händen flocht sie Körbe. Frau

Gluth war zu diesem Zeitpunkt 88 Jahre alt. Sie erzählte mir fortan begeistert, wie sie sich jeden Tag auf die »Arbeit« freue, wie gut die Stimmung dort sei, wie die »Kollegen« so seien, wie sie Spitznamen verteile und mittendrin sei.

An ihrem 90. Geburtstag, wir saßen gerade in feierlicher Stimmung in der Küche, erklärte Frau Gluth mir: »Paula, ich habe einen Geliebten!«

Ich konnte es nicht fassen. Was war passiert?

»Ja, der legt mir immer was in die Wohnung. Mal ist es ein kleines Messer mit rotem Griff, mal eine Karte mit Herz, einmal sogar eine Tafel Schokolade. Der kommt zwar auch in die Wohnung, aber das ist ja was anderes.«

Ich war gerührt von dieser Verwandlung.

**Was war das Besondere an der Begegnung?**
Wie bei Herrn Werholz faszinierte es mich, Einblick in eine Lebensgeschichte zu bekommen, die von einer sehr wechselvollen Historie geprägt war, von Kriegen und Diktaturen und in ihrem Fall sogar noch vom Kaiserreich.

Frau Gluth präsentierte mir sehr deutlich zwei Seiten ihres Lebens, die gesunde und die paranoide.

Das paranoide Leben saß stets in der ersten Reihe, wenn ich kam. Ich konnte mich diesem Erleben nähern, indem ich versuchte, die in ihren Erzählungen enthaltenen Gefühle zu verbalisieren. Wenn Frau Gluth in großer Aufregung erzählte, dass zum Beispiel die Kaffeekanne ausgetauscht worden war, dann wandte ich meinen Blick zur Kaffeemaschine und sagte: »Das regt Sie auf, weil Sie wieder den Eindruck haben, dass jemand in der Wohnung war und sich, ohne Sie zu fragen, hier einfach was wegnimmt!« Wenn ich spürte, dass sie Angst hatte, dann nahm ich das auf: »Es macht Ihnen Angst, wenn Sie das Gefühl haben, hier klaut jemand was!« Das machte Frau Gluth mit der Zeit ruhiger. Dann konnten wir zur Tagesordnung übergehen.

Aber wehe, wenn eine Pause entstand. Sofort setzte sich der Wahn wieder hinein: »Paula, habe ich Ihnen das schon gezeigt?« Schnell holte sie die alten Schuhe wieder heraus. Die hohe Kunst lag dann darin, dem eine Grenze zu setzen, ohne Frau Gluth zu verletzen. Andernfalls mussten wir die Schleife noch einmal durcharbeiten. Das war anstrengend und ging mir manchmal natürlich auch auf die Nerven.

Gelegentlich versuchte ich, mir ein bisschen Abwechslung zu verschaffen. Das konnte ich mir leisten, wenn die Beziehung gut war. Ich zog mit Frau Gluth wegen dieser »Diebe« einige Male um. Ihre Hoffnung war, ihnen so zu entkommen. Diese Hoffnung währte ungefähr vier Wochen, solange sie zu tun hatte, sich wieder einzurichten und zurechtzufinden. Dann waren die »Diebe« nachgezogen.

Einmal hatte ich eine Idee, die »Diebe« abzuschrecken. Wir brachten gegenüber der Eingangstür ein großes Schild an: »Diese Wohnung wird von der Stadtverwaltung überwacht.« Wir waren Komplizen. Wir hatten dem Geschehen etwas entgegenzusetzen. Sie freute sich diebisch, wie »die« wohl gucken würden, wenn sie das sähen! Dass sich die Diebe daran nach vier Wochen gewöhnt hatten, war klar. Sie machte es mir nicht zum Vorwurf.

Das zweite Leben war das reale: ein gut organisierter Tagesablauf, ein gepflegter Haushalt, ein ordentlich gemachtes Bett, eine schuldenfreie Haushaltsführung trotz einer nur kleinen Rente. Wenn ich mit Frau Gluth einkaufen ging, rührte mich das jedes Mal: Alles war sehr bescheiden und angemessen, aber zum Schluss stellte sie eine kleine Flasche Sekt in den Korb: »Die wird heute Abend gezischt!« Frau Gluth konnte wirtschaften und sie konnte genießen.

Zwischen diese beiden Leben schob sich für mich ihre Wahrnehmung von Sexualität. Überall war sie von diesem Thema umgeben. Fast alles ließ sich dahin deuten. Wenn sie darüber sprach, hatte es einen bösen, bitteren Nachgeschmack, als gönne sie niemandem diese Freude.

Einmal habe ich sie gefragt: »Hatten Sie nach Ihrem Mann eigentlich noch mal einen Freund?«

»Ja, den Helmut, das war ein feiner Kerl, aber der wohnte in Halle. Ich musste meine Eltern pflegen. Da ist dann nichts draus geworden.«

Nun lässt sich viel interpretieren: Welche Sexualmoral hat Frau Gluth verinnerlicht? Wie schuldhaft fühlt sie sich? Hat sie überhaupt erfüllte Sexualität erfahren? Darüber haben wir nicht gesprochen.

**Zu welchen Interventionen hat mich diese Begegnung angeregt?**
Die meisten Interventionen sind mir zum Zeitpunkt der Begegnungen mit Frau Gluth zugewachsen. Frau Gluth hat sie vielleicht sogar für mich erfunden, indem sie mit mir regelmäßig in den Keller ging und die Weihnachts- und Ostersachen heraufholte. Damit stellte sie einen Transfer zu der heilen Welt ihrer Kindheit her und lud mich quasi ein, Biografiearbeit\* zu machen. Ich fragte sie dann, wie das in ihrer Kindheit gewesen war, ob sie da vielleicht mit den Eltern die Kiste aus dem Keller geholt hatte? Oder welche familiären Rituale es damals zu Ostern und zu Weihnachten gab. Und wie hatte sie es mit ihrer Tochter gehalten? Hatte sie auch mit ihr die Kisten aus dem Keller oder vom Boden geholt? Was hatten die beiden zusammen erlebt?

Die zweite Strategie war eher »meine Art«. Ich hatte Geduld, der Frage nach ihren Bedürfnissen, die sich hinter ihren frustrierten Gefühlen verbargen, nachzugehen. So war offensichtlich, dass Frau Gluth, die ein geselliger Mensch war, sehr unter ihrer Einsamkeit litt. Gleichzeitig bedeutete die Wohnung zu verlassen, dass dann »die Diebe« kämen. Die Angst vor »den Dieben« war größer als das Leid der Einsamkeit. Ein Teufelskreis, der sich schwer durchbrechen ließ. Ich ermutigte sie zur Ergotherapie zu jeder passenden und sicher auch manchmal unpassenden Gelegenheit. Als sie sich schließlich auf die

Ergotherapie einlassen konnte, erzählte ich es stolz meiner Kollegin, die mich fragte: »Und, wie lange hat es gedauert?«

»Vier Jahre!«

**Was ist davon heute übrig geblieben?**
Ich war fasziniert von ihrer Neudeutung des »Wahns«. Ein sehr kreatives Reframing*. So etwas habe ich weder vorher noch nachher erlebt: Ihre Vorstellung, dass es Diebe gibt, die mit ihr machen können, was sie wollen, und ihre Sehnsucht nach einem Liebhaber waren eine wunderbare Verbindung eingegangen. Es fühlte sich wie eine Versöhnung des paranoiden mit dem normalen Leben an.

**Welche Herausforderung lag in dieser Begleitung?**
Die Herausforderung lag im Durchhalten. Es sind immer und immer wieder die gleichen Situationen: Man sitzt immer auf dem gleichen Platz und hört immer wieder dasselbe und bekommt immer wieder dieselben Dinge gezeigt. Man kommt nicht daran vorbei. Der leiseste Zweifel an der Wahrhaftigkeit dieses Erlebens kann den Kontakt beenden.

Wie habe ich das ausgehalten?

Bei Frau Gluth gab es immer noch andere Handlungsspielräume, in denen ich mich gerne mit ihr bewegte. Niemand ist 24 Stunden psychotisch. Außerdem war sie ungemein lebendig, witzig und originell. Das war eine Seite, mit der ich gut korrespondieren konnte. Trotz des Wahns war Frau Gluth lebenspraktisch und konnte genießen, was das Leben für sie bereithielt. Diese Seite konnte ich immer schätzen.

Nicht zuletzt haben mir meine kreative Psychohygiene und eine gute Portion Humor geholfen. Die Belohnung war eine vertrauensvolle Beziehung.

**Welche Bilder habe ich mitgenommen?**
**Welche Sätze sind geblieben?**
Es sind drei Dinge, die mir rückblickend als die drei wichtigen Seiten ihres Lebens erscheinen: der Zugang zur eigenen Lebensgeschichte, die Bedeutung gelebter oder verwehrter Sexualität und der Umgang mit ihren erlebten Verletzungen.

Es ist das Bild einer alten Frau, die mit strahlenden Augen die Dinge ihrer Kindheit in den Händen hält.

Es ist das Bild einer alten Frau, die mit mir auf dem Flur eines beliebigen Amtes sitzt und plötzlich angesichts einer vollbusigen Sachbearbeiterin sagt: »Bei der hüpfen se ja gleich raus!«

Es ist das Bild einer Frau, die ihre Wut und ihre Hilflosigkeit herausschreit und weint, wenn etwas kaputtging oder nicht auffindbar war: »Paula, ich hab doch niemandem was getan!«

Es kommt mir so vor, als bekämen prägende Erlebnisse am Ende des Lebens noch einmal ihren Platz zugewiesen. Die heilsamen Erinnerungen aus der Kindheit, die gekränkten Gefühle, die nicht gelebten Wünsche und Sehnsüchte und die gestörten Beziehungen, die im Wahn ihr Unwesen treiben.

**Was hat Frau Gluth mir Neues vom Leben gezeigt?**
Ich bin manchmal traurig, dass ich fast nichts mehr aus meiner Kindheit habe, was ich noch berühren könnte. Diesen Mangel kann ich allerdings mit einem ganzen Sack voller Geschichten und Bilder kompensieren, deren Bedeutung mir seit einer geraumen Zeit wichtig geworden ist. Frau Gluth hat mir gezeigt, dass das Leben in viele Teile zerfällt und wie wichtig es ist, die verschiedenen Teile am Ende als zu sich gehörig einzusammeln und zu integrieren.

## »Das wird nichts mehr mit mir!«
## Frau Bleibtreu

Frau Bleibtreu wohnte in einer Plattenbausiedlung. Ich erinnere mich genau an meinen ersten Besuch bei ihr. Es war Frühling und ich freute mich, dass frisches Grün den Weg zwischen den Plattenbauten etwas auflockerte.

Ich fuhr mit dem Fahrstuhl in den sechsten Stock eines zehngeschossigen Hauses und klingelte. Als Frau Bleibtreu mir die Tür öffnete, platzte es völlig überrascht aus mir heraus: »Ach, Sie sind das!« Peinlich!

Vor mir stand eine große Frau mit weit aufgerissenen Augen. Ich stellte mich kurz vor, ein Brief hatte meinen Besuch vorangekündigt, und fragte: »Darf ich reinkommen?« Ich durfte. Jetzt konnte ich ihr meine Überraschung erklären: Sie war mir in allen psychiatrischen Kliniken, in denen ich Praktika gemacht oder hospitiert hatte, begegnet. Ihr Gesicht war mir vertraut.

So kamen wir ins Gespräch. Frau Bleibtreu war 57 Jahre alt und sah für sich nur zwei Wege: Suizid oder Pflegeheim. Die Klinikaufenthalte wurden immer länger, die klinikfreien Zeiten immer kürzer. Ich war die erste Sozialarbeiterin, die bei ihr auftauchte. Ob Hausbesuche ihr helfen würden? Frau Bleibtreu war skeptisch.

Unsere erste Zeit war geprägt vom Kampf gegen den gnadenlosen Griff ihrer Depression. Alles erschien ihr schwarz und hoffnungslos, ihr Standardsatz war: »Das wird nichts mehr mit mir!«

Ich begegnete ihr mit einfühlenden und entlastenden Gesprächen. »Wenn Sie den Verlauf Ihrer Krankheit sehen, dann können Sie sich gar nichts anderes mehr vorstellen, als über kurz oder lang ein Pflegefall zu werden. Das bringt Sie verständlicherweise zur Verzweiflung. Das würde mich auch zur Verzweiflung bringen!« Ich tastete mich weiter vor: »Und dann sind Sie so auf Ihre alte Mutter angewiesen und merken, wie hilflos sie ist, weil sie nicht weiß, wie sie Ihnen helfen kann. Alle sind hilflos. Und wenn Ihre Mutter Ihnen einen Blumenstrauß hinstellt, dann möchten Sie den am liebsten zum Fenster rauswerfen, weil Sie so wütend sind, dass das so ist und keiner was ändern kann.« Ein schlauchendes Unterfangen. Es fühlte sich ein bisschen wie Tauziehen im Sirup an. Am Ende eines Gesprächs fühlte ich mich erschlagen und Frau Bleibtreu sich etwas leichter.

Das erste Veränderungssignal kam von der behandelnden Ärztin. Sie wunderte sich, dass Frau Bleibtreu schon längere Zeit nicht mehr gekommen war, obwohl sie sonst jede Woche in der Sprechstunde saß und die Klinik so oft als der einzige Ausweg erschien.

An einem schönen Sommertag war die Wahrnehmung von Veränderung auch bei Frau Bleibtreu angekommen. Sie wünschte sich einen Ausflug in einen beliebten Park. Wir fuhren mit Bahn und Bus. Frau Bleibtreu in Schnabelschuhen, eng und spitz. Alle ihre Schuhe hatten diese Form. Die Schuhe drückten. Eine Pause im Café linderte die Qual. Später erregte ein Geschirrladen Frau Bleibtreus Interesse und sie fand an vier Tassen mit jahreszeitlichen Motiven Gefallen. Frau Bleibtreu kaufte Winter und Sommer. Am nächsten Tag machte sie sich noch einmal allein auf den Weg, um auch Frühling und Herbst zu erstehen. Die Tassen hatten fortan einen hohen Symbolwert.

Etwa ein Jahr später trat Frau Bleibtreu eine ausgiebige psychosoziale Kur an. Als sie zurückkam, packte sie leicht, locker und lächelnd ihre selbst getöpferten Sachen aus und zeigte sie mir. Etwas unreflektiert stellte ich fest, dass ihr die Kur offensichtlich gut bekommen sei und dass ich mich freute, wie gut es ihr ginge. Da fuhr sie mich fast beschwörend an: »Es ist alles wie vorher, nichts hat sich verändert! Es ist alles immer noch genau so! Ich bin immer noch krank!«

Ich verstand. Fortan war unsere Beziehung von mehreren Themen bewegt: die Krankheit, die Familiengeschichte, die sozialen Kontakte und das Experiment, das Leben so gut wie möglich zu genießen.

Trotz ihres jahrzehntelangen psychischen Leidens war Frau Bleibtreu sehr genussfähig. Dazu gehörte eine ordentliche Tasse Kaffee. Dazu gehörte auch, sich gut zu kleiden und ihre Wohnung liebevoll zu gestalten. In diese Dinge investierte sie. So bewahrte sie sich ein bisschen Normalität.

Als schon lange keine Rede mehr von Pflegeheim oder Suizid war, entwickelte sie Bedürfnisse und Ideen: »Ich möchte so gerne in einer Mansardenwohnung wohnen. Das wünsche ich mir schon lange. Ich kann an gar nichts anderes mehr denken. Aber es ist so schrecklich unvernünftig! Ich muss doch daran denken, dass ich alt werde, und dann komme ich da nicht mehr hoch!« Ich konnte diesen innigen Wunsch nachempfinden und hatte eine Idee: »Was halten Sie denn davon, wenn wir Ihre Wohnung wie eine Mansardenwohnung gestalten?« Frau Bleibtreu war begeistert. Also wurden mit Unterstützung einer Kollegin ein paar Balken in die Plattenbauwohnung eingezogen und aus der Essecke wurde eine kleine »Mansardenkammer«, in der wir fortan saßen, wenn ich sie besuchte.

Bei einem dieser Besuche fragte ich sie: »Und wie hat es bei Ihrer Oma gerochen?« Ihre Augen bekamen einen Glanz, der mir versicherte, dass ich mich auf gutem Wege befand. »Nach Haferflockenplätzchen!« Ich erkundigte mich, was so nach dem Krieg in Haferflockenplätzchen drin war. Wir schrieben eine Einkaufsliste, Frau Bleibtreu besorgte alles. Wir backten Haferflockenplätzchen und es roch wie damals.

Eines Tages zeigte mir Frau Bleibtreu einen Feldpostbrief und ein Foto ihres leiblichen Vaters, der 1941 im Krieg gefallen war, als Frau Bleibtreu gerade ein Jahr alt war. Dieser Brief war der Anstoß zu weiterer Arbeit mit Frau Bleibtreus Biografie. Sie konnte mit meiner Hilfe die Zuneigung des Vaters zu seiner Tochter in diesem Brief entdecken. Er fragte nach ihr, wollte von ihr etwas wissen, war neugierig, sehnte sich nach seiner kleinen Familie. Für mich war klar: »Frau Bleibtreu, Sie sind ein Kind der Liebe!« Das war offensichtlich eine völlig neue Perspektive: Wie wäre ihr Leben verlaufen, wenn der Krieg nicht gewesen wäre? Was hätte das für ihre Mutter bedeutet?

Wir fuhren gemeinsam in den Stadtteil, in dem sie die ersten Jahre ihres Lebens bei der Großmutter und der Tante aufgewachsen war. Ein Haus am Stadtrand, mit einem Garten, in dem üppig-prachtvolle Pfingstrosen und Stiefmütterchen blühten. Wir blieben lange am Zaun, das Haus stand leer und war zu kaufen, wie ein Schild verriet. Frau Bleibtreu erzählte: »Ich war ein ganz wildes Kind. Die Oma und die Tante konnten mich kaum bändigen. Meine Oma hat mich manchmal an der Wäschestange festgebunden!« Ich erfuhr etwas aus einer Zeit, die nicht leicht, aber doch die heilste ihres Lebens gewesen war.

»Soll ich Ihnen ein paar von den Blumen Ihrer Großmutter pflücken?« Sie schaute mich ungläubig an. Ich kletterte über den Zaun und kam mit fünf Pfingstrosen und einem Strauß Stiefmütterchen zurück.

Wir liefen ein Stück die Wege ihrer Kindheit entlang und setzten uns schließlich auf einen umgestürzten Baum. Frau Bleibtreu holte ein paar Hörnchen und eine Thermosflasche Kaffee aus ihrer Tasche. Es war ein schöner Frühsommertag. Plötzlich sagte sie: »Ob Sie's glauben oder nicht: Ich könnte jetzt auf den Baum da drüben klettern!« Wir lachten.

**Was war das Besondere an der Begegnung?**
Frau Bleibtreu habe ich etwa sieben Jahre begleitet. Das Besondere an dieser Begegnung war, dass ich von ihr gelernt habe, dass ihre Erkrankung einen tieferen Sinn hatte, ihr möglicherweise sogar Schutz gab. Die jahrzehntelang eingeübte Rolle der Patientin ließ sich nicht einfach ablegen. Frau Bleibtreu traute sich nicht, eine Kerze anzuzünden. Sie hatte Angst, dass etwas passieren und es dann heißen würde, kein Wunder, sie sei ja psychisch krank. Deshalb wollte sie besonders vorsichtig sein und niemandem die Gelegenheit geben, so über sie zu denken.

Sie lehnte auch meinen Vorschlag ab, zu ihrer Mutter und dem Stiefvater Kontakt aufzunehmen. Sie hatte Angst, dass ich dann ihnen glauben würde und sie als Verrückte dastünde.

Als eine andere Seite dieser Patientenrolle erlebte ich, dass sie stets erwartete, dass die anderen sich auf sie einstellten. Nicht sie musste etwas verändern, sondern die anderen, das war ihre Haltung, die sie oft unnachgiebig machte.

Frau Bleibtreu erzählte manchmal von der affektgeladenen jungen Frau, die sie gewesen war. Einmal hatte sie sogar dem Chefarzt das Brett vom Kopfende des Bettgestells entgegengeworfen. Ich fragte sie nach dem Grund. Frau Bleibtreu berichtete, dass sie sich wegen der Gewichtszunahme durch die Medikamente beschwert hätte. Der Arzt hätte aber nur geantwortet »Lasst dicke Frauen um mich sein, sprach Nero« und sei weitergegangen. Das habe sie so wütend gemacht.

Wir hatten unterdessen eine gute und tragfähige Beziehung entwickelt. Ich spürte, wie sie sich freute, wenn ich kam. Die anfängliche Egozentrik löste sich langsam auf, sodass sie anfing, sich für das Leben außerhalb von Krankheit zu interessieren.

**Zu welchen Interventionen hat mich diese Begegnung angeregt?**
Die erste Zeit war geprägt von den Zuständen und den Befindlichkeiten, die ich vorfand und auf die ich reagierte. Nur langsam erfasste

ich Frau Bleibtreus soziales Umfeld. In der Nachbarwohnung lebten die Mutter und der verhasste Stiefvater, dem sie am liebsten »ein Brotmesser ins Kreuz rammen und dann richtig rumdrehen« wollte. Da sprühte die alte Wut. Wenn sie von ihm sprach, dann sagte sie »der« oder »der Alte«. Er hatte ihre Grenzen verletzt.

Es gab zwei Halbbrüder und zwei Cousinen. Die betagte Mutter hielt die Familie zusammen. So hatte Frau Bleibtreu doch hin und wieder familiäre Kontakte: Geburtstagsfeiern, Feiertage, Gartennachmittage oder auch mal einen Ausflug mit der Cousine, die ein Auto fuhr.

Wenn es ihr gut ging, dann war das Genießen Thema. Frau Bleibtreu genoss, als müsste sie die nicht depressiven Zeiten doppelt auskosten. Sie fuhr gerne – in Brokat gekleidet– mit dem Taxi in die Stadt, um ins Konzert zu gehen, am liebsten Wagner oder Richard Strauß. Je schwerer, umso besser. In diese Welt hatte sie die Großmutter väterlicherseits eingeführt, die ihr auch den Vornamen gab. Frau Bleibtreu erzählte, dass die Großmutter während der Oper oft geschlafen habe, aber wenn sie Bekannte getroffen hätten, dann hätte sie erhobenen Hauptes und mit gespitzten Lippen gesagt: »Wir waren in der Oper!«

Biografiearbeit* war ein Schwerpunkt der Arbeit mit Frau Bleibtreu. Wichtig war es besonders, den Ort aufzusuchen, an dem ihr Leben noch stimmig gewesen war, um dort einen »Anker« zu setzen und die Erinnerung so oft wie möglich dahin zurückzuführen. Es war bezeichnend, dass Frau Bleibtreu an diesem Ort selbst dafür sorgte, dass wir verweilten, aßen und tranken und damit »die Seele zusammenhielten«.

Ein weiterer methodischer Zugang war, in all dem erfahrenen Leid immer nach den Ausnahmen zu suchen. Ich fragte sie: »Wann oder wo war es anders? Wann waren Sie weniger depressiv? Was machten Sie da anders?« In einer dieser Reflexionen erinnerte sie sich an unseren ersten Spaziergang in dem Stadtpark, als sie die furchtbar drückenden Schnabelschuhe angehabt hatte. »Ich verstehe gar nicht, warum ich die damals nicht ausgezogen habe und barfuß gelaufen bin.« Ich erinnerte mich, dass mir dieser Gedanke damals auch gekommen war, aber vielleicht hätte sie sich nicht getraut? Jemand hätte denken können, sie sei verrückt.

Die Beziehungsarbeit war intensiv, aber ich war auch sicher, dass die Beziehung trug. Untrügliche Zeichen dafür waren, dass sie niemals einen meiner Besuche versäumte, das Jammern in den Hintergrund trat und Zukunftsgestaltung Raum gewann. Schwierig war es allerdings, Frau Bleibtreu in eine Gruppe zu integrieren. Sie verweigerte sich, konnte sich nicht öffnen. Nur gemeinsame Theaterbesuche oder Ausfahrten in der Gruppe konnte sie genießen.

Mit der Zeit etablierte sich das ambulant Betreute Wohnen im Stadtgebiet, und ich bot ihr an, dies mit ihr für eine intensivere Begleitung zu beantragen. Ich hoffte, dass die Erfahrungen, die sie mit mir gemacht hatte, so vertrauensbildend waren, dass sie auch andere Bezugspersonen würde annehmen können. So war es auch.

**Was ist davon heute übrig geblieben?**
Frau Bleibtreu ist eine treue Seele. Wer einmal in ihrem Herzen ist, bleibt es für immer. Sie kam noch lange in meine Dienststelle, um mich dort zu besuchen und sich mit mir zu beraten. Inzwischen ruft sie mich manchmal abends kurz vor Dienstschluss an, will wissen, wie es mir geht, und ein bisschen von sich erzählen. Einmal im Jahr besuche ich sie noch. Dann geht es darum, wie ihr Lebensabend aussehen soll. Bei dieser Frage unterstütze ich die Kollegin, von der Frau Bleibtreu aktuell betreut wird.

**Welche Herausforderung lag in dieser Begleitung?**
Die größte Herausforderung war der Umgang mit der Erkrankung. Manchmal konnte ich mich des Eindrucks nicht erwehren, dass auf Frau Bleibtreu ein Verbot lag, sich dauerhaft zu stabilisieren. Ich erlebte bei ihr – es war das einzige Mal – die Anwendung von Elek-

trokrampftherapie und unendlich viele Medikamentenumstellungen. Doch immer wieder gab es Einbrüche.

Manchmal hatte Frau Bleibtreu die ganzen Tabletten nachvollziehbar satt. Dann wollte sie gar keine Medikamente mehr nehmen. Aber was sollte stattdessen passieren? Hilfreich für mich waren hier Supervision und kollegiale Fallberatungen, in denen es möglich war, Alternativen auszuloten. Nach 40 Jahren medikamentöser Behandlung reagierte Frau Bleibtreu mit Angst- und Panikattacken auf ihre selbst gewählte Medikamentenverweigerung. Sie konnte auf keine alternative positive Behandlungserfahrung zurückgreifen. Die Palette der psychosozialen Alternativen hatte, soweit sie sie annehmen konnte, eine positive Wirkung gezeigt, ersetzte jedoch die Medikamente nicht. Eigentlich erwartete Frau Bleibtreu ein Wunder, aber selbst mit einem Heilungswunder muss man das Leben selbstverantwortlich leben können.

Letztendlich wurde sie auf ein neues Medikament eingestellt, unter dem ich sie so lange stabil erlebte, wie das ambulant Betreute Wohnen ihr zur Seite stand. Der Umgang mit der Erkrankung bedeutete für mich, auch in den schlimmsten Zeiten den Kontakt zu halten, Krisenpläne zu schmieden und immer wieder auf ihre Brauchbarkeit zu prüfen. Wenn ein Klinikaufenthalt unumgänglich war, besuchte ich sie auch dort. Ich nahm an multiprofessionellen Gesprächen vor der Entlassung teil und begleitete sie hinterher zum behandelnden Arzt. Damit waren die Übergänge von der Klinik in die eigene Versorgung geregelt und sicher.

Eine weitere für mich große Herausforderung war, dass immer gerade dann, wenn die Psyche stabil war, sich etwas Somatisches bei Frau Bleibtreu einstellte, das alle Energie forderte, z.B. ein Knoten in der Brust. Es war nicht immer einfach, die Ärzte und Schwestern davon zu überzeugen, mit der betroffenen Patientin zu sprechen und nicht mit mir.

Eine dritte Herausforderung war, die Beziehung in einer guten Balance zu halten. Es war natürlich ein bisschen riskant, über den Zaun zu klettern und Blumen zu stehlen. Bei solchen Aktionen war damit zu rechnen, dass eine Frau im Herbst des Lebens auf die Idee kommen könnte, sich durch die 15 Jahre jüngere Sozialarbeiterin ein Stück weit das zu holen, was das Leben ihr verwehrt hatte, z. B. eine Familie. Zwar kann ich mich nicht erinnern, dass sie jemals das Thema Partnerschaft und Mutterschaft angesprochen hat, dennoch hatte ich den Eindruck, dass sie ihren Wunsch nach einer Tochter mit mir verband. Sie fing an, an mir herumzuzupfen und mein Outfit zu bemäkeln. Ich stieg aber nicht in diese Rolle ein und konnte mit dem nötigen Humor darauf reagieren. Dann war es gut.

Wenn ich die Perspektive von Frau Bleibtreu einnehme, dann denke ich, dass ihr letztendlich meine Zuverlässigkeit und die Klarheit des Rahmens das Vertrauen und die Sicherheit gaben, andere Lösungen als einen Klinikaufenthalt auszuprobieren.

### Welche Bilder habe ich mitgenommen?
### Welche Sätze sind geblieben?

Es hat mich zutiefst beeindruckt, zu erleben, wie sich langsam, erst ganz verklemmt und mit der Hand vor dem Mund, das Lachen wieder einstellte.

Wenn sie tief depressiv war und ihre Mutter ihr Blumen auf den Tisch stellte, dann konnte sie ausrasten. Sie wolle diese Blumen nicht, sie werde sie zum Fenster rauswerfen. Erst die eigenen, selbst gekauften Blumen zeigten an, dass es wieder aufwärts ging.

Ein Höhepunkt unserer gemeinsamen Arbeit war dieser Satz: »Das Pflegeheim, da denk ich gar nicht mehr dran. Das ist vorbei.«

### Was hat Frau Bleibtreu mir Neues vom Leben gezeigt?

Ich nehme es gleich vorweg: Vernachlässige nicht die Tankstellen, die dir Energie geben und dich in der Balance halten.

Frau Bleibtreu zeigte, dass sie nie 24 Stunden am Stück krank war. Ihre Lebensquelle war das Genießenkönnen. Sie tankte in den Zwischenzeiten auf, um der Seele und den Sinnen gerecht zu werden: Musik für die Ohren, Blumen und Bilder für die Augen, gute Kleidung auf der Haut, Kaffee und ein gutes Stück Kuchen für den Gaumen. Und ob man's glaubt oder nicht: Formel 1 und Fußball im Fernsehen für den Kick.

**Was sagt Frau Bleibtreu zu meiner Geschichte?**
Sie hört mir aufmerksam zu. Manchmal sagt sie »Ach, das hatte ich ganz vergessen« oder »Warum habe ich eigentlich die Schuhe damals nicht ausgezogen?«.

Sie lacht über die Geschichte mit der Großmutter, die in der Oper schlief und dann mit gespitzten Lippen der Nachbarin mitteilte: »Wir waren in der Oper!« Das sollte ich unbedingt in den Text schreiben. Für die geklauten Blumen bekomme ich noch nachträglich einen anerkennenden Blick.

Frau Bleibtreu nimmt den Text entspannt auf. Ich freue mich, dass sie die Beziehungsangebote anderer Kolleginnen annehmen konnte. Die Zuverlässigkeit ihrer Begleiterinnen beantwortet sie mit der ihr eigenen Treue.

## »Sie haben mich nie hintergangen!«
### Frau Trampeneau

Frau Trampeneau begleitete ich 15 Jahre lang. Unsere erste Begegnung im Krankenhaus für Psychiatrie hinterließ bei mir eine seltsame Mischung von Eindrücken: Zunächst wirkte sie auf mich, als könne sie nicht allein über die Straße gehen. Meist ließ sie eine lockere Zahnbrücke, an der zwei Schneidezähne befestigt waren, im Mund spazieren gehen und legte sie ab und zu auf der Unterlippe ab, was gruselig aussah. Auf meine Kontaktversuche reagierte sie knapp, sodass bald ein unangenehmes Schweigen entstand. Als ich jedoch Anstalten machte, mich zu verabschieden, verblüffte sie mich mit der Aussage: »Der Zug fährt doch erst 13.52 Uhr!« So begann unsere Zusammenarbeit.

Frau Trampeneau war zu diesem Zeitpunkt Ende vierzig und ihr Ruf war schrecklich: Sie hatte die Ergotherapeutin geohrfeigt, eine Schwester, die ihr das Geld zuteilte, bedrängt, auch der behandelnden Ärztin gegenüber zeigte sie sich wehrhaft. Fast alle Klinikmitarbeiter drängten auf eine Verlegung in ein Heim. Frau Trampeneau war hartnäckig in ihrer Forderung nach Entlassung und fand schließlich offene Ohren bei der Oberärztin, die sich an mich wandte und fragte, ob ich Hausbesuche machen würde. Da mein Team bereit war, das Experiment zu unterstützen, sagte ich zu.

Bei den ersten Hausbesuchen saßen wir uns jeweils etwa eine halbe Stunde im abgedunkelten Raum gegenüber und wechselten nur wenige Worte. Frau Trampeneau rauchte. Wenn ich etwas sagte, antwortete sie mit »Mmh«. Am Ende fragte ich sie, ob wir noch etwas Wichtiges besprechen müssten. Dann sagte sie »Nein« und wir verabschiedeten uns bis zum nächsten Mal.

Als wir uns schon eine Zeit lang kannten und ich zum Hausbesuch kam, war sie gerade damit beschäftigt, sich eine ganze Dose Sahne auf einen Suppenteller zu sprühen. »Ich hab mir heute mal 'ne Schlagsahne geleistet. Wollen Sie was abhaben?« Ich lehnte dankend ab. Ich kam gerade von einer Frau, die nur rohes Gemüse aß, und hatte noch mit den Gegensätzen zu tun. Ohne mit der Wimper zu zucken und mich eines Blickes zu würdigen, löffelte Frau Trampeneau die Schlagsahne vom Teller. Sie wirkte dabei sehr zufrieden. Ich verstand bald, warum.

Frau Trampeneau hatte eine amtliche Betreuerin, Frau Krause, die ihr das Geld brachte. Das sollte sie sich einteilen, sagte sie dann immer, damit es mit ihr »klappt und keinen Ärger gibt«. Gerne sagte sie auch, dass Frau Trampeneau nicht Butter und Wurst zusammen auf die Schnitte schmieren solle, dann brauche sie sich nicht über ihre Gewichtszunahme zu wundern. Erziehung sei wichtig, erklärte mir Frau Krause in Frau Trampeneaus Gegenwart ihre Intervention. Frau Trampeneau zog hörbar die Luft ein: »Also, was ich esse, das bestimme immer noch ich!« Frau Krause grinste, als wisse sie es besser, und ging.

Ehe sich das mitgebrachte Geld in Wohlgefallen auflöste, gingen wir beide einkaufen. Auf einem Zettel hatten wir vorher alles Notwendige notiert. Ich rechnete, während die Dinge in den Korb wanderten, damit wir im finanziellen Limit blieben. Unmittelbar im Eingangsbereich des Supermarktes stand schon der erste Korb mit Sonderangeboten, Ein-Liter-Flaschen Maggi. Frau Trampeneau nahm zielsicher eine Flasche und steckte sie mit einer Miene, die Bedachtsamkeit ausdrückte, in den Korb. Ich rang die Hände: »Was wollen Sie denn mit einem Liter Maggi? Das ist doch für 'ne Großküche!«

Sie sah mich an. »Ich brauche das!«

Ich versuchte einen Kompromiss: »Reicht nicht auch eine kleine Flasche?«

»Nein!«

Ich gab nach. Schließlich hatten wir die Hälfte von dem, was auf dem Zettel stand, im Einkaufswagen. »Das Geld ist verbraucht. Es fehlen noch ein paar wichtige Dinge, Zigaretten etwa. Wie wollen Sie das machen?« Wir tauschten das eine oder andere und Frau Trampeneau war mit dem Einkauf zufrieden. Ich auch, das Limit hatte sie problemlos akzeptiert.

So arrangierten wir uns eigentlich immer miteinander.

»Frau Trampeneau, ich mache mir Sorgen, dass Sie verwahrlosen!«

»Ach, das ist Schnieps wieder. Der macht aber auch eine Unordnung!«

»Wer ist denn Schnieps?«

»Mein kleiner weißer Hund.«

»Und wo ist der jetzt?«

»Schniiiieps! Der hat sich wieder versteckt!«

»Ach so!« Also Schnieps war für das Durcheinander verantwortlich. Deshalb standen in der Küche auf dem Fußboden immer zwei Schüsselchen, eine mit Wasser, die andere mit Schnittchen oder anderen Essensresten.

Ich folgte einem schwachen Impuls, Ordnung zu schaffen: »Soll ich den Mülleimer gleich mit runternehmen?«

»Ja, und gucken Sie, ob Sie was Brauchbares finden!«

Ich kam mit dem leeren Mülleimer zurück. Frau Trampeneau sah mich an, als könne sie es nicht glauben: »Haben Sie nichts gefunden?« Mitleidig fügte sie hinzu: »Sie haben wohl keinen Blick dafür?«

Ich ließ mich nicht darauf ein und suchte nach einem anderen Weg: »Was bedeutet das eigentlich für Sie, im Müll zu suchen und zu finden?«

»Das ist für mich ein Erfolgserlebnis.«

Ich verstand. So lernte ich eine Lektion nach der anderen.

Viele Jahre später nach einem Klinikaufenthalt sollte Frau Trampeneau Medikamente gegen Bluthochdruck nehmen. »Nein, das ist Heroin und ich nehme keine Drogen!«, argumentierte sie. Betreuerin, Schwestern und ich versuchten sie von der Notwendigkeit zu überzeugen. Nichts half. Sie blieb dabei! Ich war besorgt, denn ein Schlaganfall war eine furchtbare Vorstellung. Ich organisierte einen Hausarzttermin wider besseres Wissen. Ich wusste, wenn Frau Trampeneau einmal »Heroin« dachte, dann war sie außerstande, etwas anderes zu denken. Wir waren schon einige Male bei dem Hausarzt gewesen. Frau Trampeneau mochte ihn. Ich hatte Hoffnung, dass er sie überzeugen konnte. »Wenn Ihr Hausarzt Ihnen bestätigt, dass das Medizin gegen Bluthochdruck ist, würden Sie sie dann nehmen?«, fragte ich sie.

»Ja!«

Wir waren nach dem Mittagessen bestellt. Ich leitete kurz das Gespräch mit dem Grund unseres Kommens ein. Frau Trampeneau benannte ihrerseits das Problem: »Ich hatte einen Herzmuskelabriss!«

So informiert kündigte der Arzt an, zunächst den Blutdruck messen zu wollen. Weil die Manschette angesichts der mächtigen Oberarme von Frau Trampeneau zu klein war, verließ er das Zimmer, um eine größere zu holen. Als er zurückkam, fuhr er uns an: »Die Patienten im Wartezimmer beschweren sich, weil Sie so stinken. Es ist doch wohl nicht zu viel verlangt, sich zu waschen, ein bisschen Wasser zu benutzen.«

Frau Trampeneau suchte Verständnis: »Ich kann meinen Arm nicht bewegen!«, und ich entschuldigte mich: »Es tut mir leid, der Pflegedienst weigert sich, sie zu waschen.«

»Das ist mir egal, wie Sie das machen. Wenn Sie noch einmal hierherkommen und nicht gewaschen sind, behandle ich Sie nicht!« Und zu mir gerichtet fügte er hinzu: »Das werden Sie ja wohl schaffen!«

Nun war ich auch ein bisschen genervt: »Ich bin Sozialarbeiterin, wir waschen unsere Klienten nicht.«

»Wir können das hier auch gleich beenden! Verantwortung zu delegieren ist keine Kunst. Sie sind von der Psychiatrie und betreuen schwierige Leute. Da ist es wohl nicht zu viel verlangt, dafür zu sorgen, dass die Frau gewaschen hierherkommt.«

Ich hielt es jetzt für ratsam zu schweigen. Dafür kam mir Frau Trampeneau zu Hilfe: »Is ja gut! Sie haben ja recht!«

»Sie sind viel zu dick!«, ereiferte sich der Arzt weiter.

»Aber ich bin doch schwanger«, erklärte Frau Trampeneau.

Der Arzt lief rot an: »Auch das noch!« und zu mir: »Wie kann denn das passieren!«

Ich hatte nicht damit gerechnet, dass er die Sprache einer schizophrenen Frau nicht verstand: »Frau Trampeneau ist immer schwanger. In den zwölf Jahren, in denen ich sie begleite, hat sie mindestens zwölf Kinder gekriegt.«

»Das ist doch nicht zu fassen! Sind Sie denn nicht in der Lage, für Verhütung zu sorgen? Was ist mit den Kindern?«

Frau Trampeneau, die sich offensichtlich in dem Gespräch sehr angenommen fühlte, gab zu verstehen: »Die hab ich unter Bekannte verteilt. Ist ja besser, als sie weggenommen zu kriegen.«

»Das gibts doch nicht! Verantwortungslos! Ich gebe Ihnen eine Überweisung zum Frauenarzt. Da muss ich jetzt auch noch überprüfen, ob Sie die Medikamente überhaupt nehmen können.« Der Arzt war außer sich.

Frau Trampeneau fühlte sich verstanden: »Nein, da kann ich die Medikamente nicht nehmen. Wer will denn ein dummes Kind kriegen?«

Mir schwammen die Felle davon: »Herr Doktor, Frau Trampeneau hat eine paranoide Psychose und das sind die Inhalte!«

Der Arzt wandte sich nun wieder Frau Trampeneau zu: »Im wievielten Monat sind Sie denn?«

»Vielleicht eine Woche!«, rechnete sie.

»Also diese Medizin können Sie da auf keinen Fall nehmen!«

Jetzt war's mit mir auch vorbei. Ich flehte den Arzt inständig an: »Herr Doktor, Frau Trampeneau ist nicht schwanger. Sie ist 59 Jahre alt und hat schon seit Jahren keine Periode mehr!«

»Natürlich bin ich schwanger!«, konterte Frau Trampeneau. »Meine Oma hat auch mit 59 ein Kind gekriegt und schließlich ist mein Mann Arzt!«

Warum waren wir hier? Das konnte ich jetzt vergessen.

Der Arzt war gereizt: »Mir reichts. Warum tue ich mir das an? Ich möchte mal wissen, warum ich mir das antue? Können Sie mir sagen, warum ich mir das antue?« Dabei kam er ziemlich nahe heran und sah mir in die Augen.

»Na ja, ich hätte vielleicht eine Idee, aber ich will Sie nicht unbedingt noch mehr provozieren.«

»Jetzt kommen Sie mir bloß nicht mit dem Eid des Hippokrates.«

»Da habe ich tatsächlich dran gedacht!«

»In der DDR wurde nicht auf den Eid des Hippokrates geschworen, sondern auf die DDR und ihren großen Bruder, die Sowjetunion, aber lassen wir das ... Nur falls es Ihnen entgangen sein sollte, wir arbeiten hier im Minutentakt. Wir können uns solche schwierigen Patienten nicht leisten.« Der Arzt erklärte, dass Kollegen, die sich zu sehr um die Patienten gekümmert hätten, pleitegegangen seien.

Frau Trampeneau, die unser Gespräch aufmerksam verfolgte, mischte sich treffsicher ein: »Frau Staemmler, ham Se nich mal zehn Euro, die Se ihm geben können?«

Sie machte mir immer wieder Zeichen, dass ich ihm Geld geben solle. Ich dachte unterdessen, wenn wir einmal hier sind, sollten wir zumindest etwas klären: »Was ist denn nun mit dem Arm?«

»Sie ist zu dick. Die Gelenke, alles ist dadurch beeinträchtigt.«

»Aber Herr Doktor, auf'm Arm liegt doch kein Gewicht!«, fand Frau Trampeneau.

Der Arzt nahm sich die Zeit, den Nervenverlauf zu erklären. Frau Trampeneau nickt verständnisvoll: »Na gut! Da muss ich eben abnehmen!«

»Dazu haben Sie mehrere gute Gründe: den Blutdruck, die Fettwerte und die Gelenke.«

»Ach, und Zucker habe ich auch noch!«, fiel Frau Trampeneau ein.

»Auch das noch! Wie lange soll denn das noch gehen?« Er holte ein Gerät zum Blutzuckermessen. »7,2. Wann haben Sie zuletzt gegessen? Der ist auch im Risikobereich. Deshalb müssen Sie auch abnehmen!«

»Na gut. Dann muss ich also abnehmen!«

Wir bedankten uns vielmals und verabschiedeten uns.

Frau Trampeneaus Wohnung befand sich in einer Häuserzeile, die in den Fünfzigern erbaut worden war. Es waren unsanierte kleine Ein- und Zwei-Raum-Wohnungen – heute ein sozialer Brennpunkt. Das halbe Haus stand hinter der Gardine, wenn Frau Krause schweren Schrittes die Treppe hinunter auf die Straße kam und mit ihrem Auto davonfuhr. Ein sicheres Indiz: Bei Frau Trampeneau gibts Geld! Da lohnte sich ein Besuch.

Kalle war zuerst da. Sie stellte ihn mir als ihren Mann vor und er sagte »Bridl« zu ihr. Zu mir sagte er, dass er aufpasse und ihr helfe. Fortan schlief Kalle im Wohnzimmer auf dem Sofa. Frau Trampeneau kochte für ihn, wusch seine Wäsche und sie sahen zusammen fern, rauchten und tranken Bier.

Wenn Kalle im Gefängnis saß, was zuweilen vorkam, dann saßen Erna, Frank, Marcel und Elvira um den Tisch und ließen es sich bei

Frau Trampeneau gut gehen. Ich hatte ein wachsames Auge auf die Gesellschaft, hörte ihren großspurigen Reden und Schmeicheleien zu. Sie hatten ein wachsames Auge auf mich. Es wäre unverzeihlich gewesen, diese Geldquelle nicht zu nutzen.

Als Frau Trampeneau sagte, dass Elvira sie beklaue und sich im Wohnzimmer prostituiere, war der Zeitpunkt gekommen, gemeinsam mit Frau Krause klare Ansagen zu machen: »In 24 Stunden sind Sie hier verschwunden!« Elvira schrie herum, die anderen verteidigten sie. Frau Trampeneau schlug sich auf meine Seite und haute Frank eine runter. »Du fette Sau!«

Endlich waren alle raus. Ich schloss die Tür zu und ließ mich in den Sessel sinken. Mein Herz schlug mir bis zum Hals. Ich fragte Frau Trampeneau: »Sind Sie sehr aufgeregt?«

Sie zündete sich eine Zigarette an. »Ich? Nee. Aber Sie!«

**Was war das Besondere an der Begegnung?**
Eins war für Frau Trampeneau unumstößlich: Ich bestimme über mein Leben selbst! Diese Lebensmaxime barg die Erfahrung einer tiefen Verletzung in sich und verlangte absoluten Respekt. So vermittelte sie mir, was »akzeptierende Grundhaltung« bedeutet: das Recht auf ein eigenes Lebenskonzept, egal wie schräg es ist, egal wie sehr es dem sogenannten Normalen entgegensteht, solange es niemanden gefährdet.

Ich ging in Frau Trampeneaus Schule. Sie zeigte mir ihre Ressourcen. Die konnte ich von allein nicht erkennen. Wenn das Geld ausgegeben war oder von anderen verbraucht wurde, wusste sie sich zu helfen. Für Zigaretten bettelte sie oder klingelte nachts ausdauernd an allen Türen im Haus. Wer wollte sie da nicht schnell wieder loswerden und gab ihr, was sie begehrte? Sie selbst gab von Herzen, was immer sie konnte.

Kritik oder »Sorgen« von außen konnte sie mit einer wahnhaften Äußerung aushebeln – so wie sie dann schnell »Schnieps oder die Kinder« einsetzte, die nur in ihr existierten. Bei Bevormundung schien es ihr sinnvoll, die Ohren auf Durchzug zu stellen und zu allen Erziehungsmaßnahmen »Hm!« zu sagen.

Am Anfang saß ich ihr oft schweigend gegenüber und fühlte, wie sich eine furchtbare Leere in mir ausbreitete. Das war ein so unerträgliches Gefühl, dass ich nur einen Wunsch hatte: sie mit etwas zu füllen. Ich setzte zu einer Aktion an, irgendetwas im Haushalt zu tun. Frau Trampeneau saß mir in solchen Momenten gegenüber und rauchte: »Ich mache das später!« Ich fiel dann in den Sessel zurück. Ich wusste, dass sie es später nicht tun würde. Es drängte sich mir die Ahnung auf, wie sich ihre innere Leere anfühlte. Das war noch eine wichtige Lektion.

**Zu welchen Interventionen hat mich diese Begegnung angeregt?**
Ich hätte mir niemals ausdenken können, was ich mit Frau Trampeneau erleben und wie ich dann handeln würde. Die Interventionen entstanden aus dem Augenblick und verlangten eine große Aufmerksamkeit für die Situation. Manchmal »brannte die Luft«. Dann war sie hochgradig psychotisch und aufgeregt. In ihrem Fall war das kein Grund, den Notarzt zu holen (außer wenn Gefahr für Leib und Leben bestand), sondern da zu sein, zu fühlen, was sie fühlte, und zu verstehen.

Frau Trampeneau genoss es, mit mir ins Café zu gehen. Dazu zog sie sich schön an und ließ ihren »mütterlich-kritischen« Blick auf mir ruhen: »Das nächste Mal ziehen Sie nicht so ausgebeulte Hosen an, wenn Sie mit mir ausgehen!«

»O. K. Ich will's versuchen!«

»Wie viel gibt denn das Budget heute her?« Sie dachte, ich bekomme von der Dienststelle Geld für solche Ausflüge. Ich sagte genau, was möglich war und was sie selbst bezahlen musste.

Manchmal hatte sie schon vor meinem Eintreffen im Café ein Stück Torte, zwei belegte Brötchen und eine große Tasse Milchkaffee genossen und fragte dann, wie es denn heute mit einem Eisbecher wäre. Frau Trampeneau hatte nie den leisesten Zweifel daran, dass sie das verdient hatte.

Ihr Müllsammeln brachte mich zuweilen zur Verzweiflung. Ihr Motiv zu begreifen, half mir, viele gehortete Dinge zu akzeptieren, aber dieses grenzenlose Sammeln war trotzdem schwer auszuhalten. Manchmal konnte ich sie bewegen, ein paar Säcke für andere Bedürftige wieder herzugeben, meistens nicht. Sie wusch die Sachen, kaputte Radios wollte sie reparieren lassen. Für alles hatte sie Ideen, was man daraus noch machen könnte.

Als ich mit ihr beim Packen für den Umzug auf eine alte Cremeschachtel stieß und es darin klapperte, fragte ich, was darin sei. Sie wusste es nicht. Ich öffnete. Ein Gebiss kam zum Vorschein: »Was ist denn das?«

»Ach, das sind die Zähne von Erna!«

»Aber Erna ist doch schon längst tot! Was wollen Sie damit machen?«

Ein Blick, ein Gedanke: »Aufheben!«

Ein Teil ihrer Herkunftsfamilie war nach dem Krieg vertrieben worden. Das waren Menschen, die gelernt hatten, mit dem, was sie hatten, zu improvisieren, und Frau Trampeneau war in dieser Kunst unschlagbar.

Frau Trampeneau war arm. Es war auch ihr Einfallsreichtum, mit dem sie einen Teil ihrer Leere füllte. Nur ließ ihre bleierne Antriebslosigkeit sie kaum etwas von dem tun, was sie sich vornahm. Wenn ich ihre Perspektive einnahm, ihre Lebensgeschichte, ihre Armut und ihre sehr begrenzten Möglichkeiten betrachtete, dann waren Frau Trampeneaus Ideen für mich einfacher zu ertragen. Aus ihrer Perspektive war Sammeln ihr Lebensinhalt. Sie zog in den 15 Jahren unserer gemeinsamen Zeit einige Male um. Das dezimierte ihren Besitz. Andere Strategien halfen selten. Es war schwierig, Verhaltensweisen mit ihr zu reflektieren. »Das ist mir egal!«, kommentierte sie meine Versuche. Ich musste es akzeptieren.

Am schwersten war ihr wahnhaftes Erleben auszuhalten. Sie hörte ihre Kinder schreien, die irgendwo umgebracht wurden. Sie fühlte sich immer schwanger und kaum hatte sie geboren, so waren die Babys verschwunden. Ständig kamen Triebtäter, wie sie sie nannte, durch die Wand und vergewaltigten sie. Diese Vorstellung war furchtbar. Als sie mit Kalle lebte, hörte ich allerdings selten so schlimme Geschichten. Nur schwanger fühlte sie sich immer. Sie könne sich ja nicht immer verweigern, gab sie mir zu verstehen.

Neben meiner Arbeit mit Frau Trampeneau pflegte ich den Kontakt zu ihrer Familie. Die war sehr frustriert, als Frau Trampeneau aus der Klinik für Psychiatrie entlassen wurde. Sie hatte Angst vor der Verantwortung. Ich solle Frau Trampeneau nichts glauben, sie würde herumfantasieren und nur Unsinn erzählen. Ich lud sie in die Angehörigengruppe ein und spürte, dass sie Vertrauen gewannen und Frau Trampeneau loslassen konnten. Erst viel später erfuhr ich, dass Frau Trampeneau als Jugendliche oder junge Frau zu einer Abtreibung gezwungen worden war.

**Was ist davon heute übrig geblieben?**
Ich bin voller Geschichten, die mich mit Frau Trampeneau verbinden. Deshalb kann ich selbst in der Reflexion nicht aufhören, davon zu erzählen. Wenn ich an sie denke, bin ich von einem warmen Gefühl durchströmt. Ich bin bis heute davon beeindruckt, mit welcher Schlagfertigkeit sie nicht nur beim Arzt ihre Sichtweise vorbrachte und ihr Gegenüber emotional erfasste.

Frau Trampeneau lebt inzwischen in einem Pflegeheim. Als ich sie dort das letzte Mal traf, betrachtete sie sinnend den Deckel der mitgebrachten Petits Fours. »Was heißt eigentlich ›petit‹?«

»Klein.«

»Merci petit! ... ... Eigentlich habe ich Ihnen ja zu danken!« Sie wendete den Kopf und sah mich an.

»Wofür?«

»Für Ihre Treue!«
»Was meinen Sie damit?«
»Dass Sie mich nie hintergangen haben!«

## Welche Herausforderung lag in dieser Begleitung?
Frau Trampeneau war in ihrer Lebensführung keineswegs unangefochten. Da war die amtliche Betreuerin, der Erziehung und Reglement wichtig waren. Da waren die Verkäuferinnen im Laden an der Ecke und beim Bäcker, die mich lieber in der fürsorglichen Mutterrolle gesehen hätten. Da war die Familie, die noch mal einen ganz anderen Blickwinkel hatte. Ich begleitete Frau Trampeneau mit einer wohlwollenden Neugierde.

Einmal saß Frau Trampeneau rauchend mit Kalle am Tisch und ich fragte, ob sie mit ihrem Leben so zufrieden sei. Sie war zufrieden wie der Fels in der Brandung.

Wenn Veränderung notwendig wurde, dann kristallisierten sich die Punkte von selbst heraus. Dann war ich für die Hilfestellungen da.

## Welche Bilder habe ich mitgenommen?
## Welche Sätze sind geblieben?
Die Bilder, die sich vor mir in unerschöpflicher Fülle ausbreiten, knüpfen sich an Gegenstände, an kleine Begebenheiten, die mir verschiedene Einblicke in die vielen Facetten von Frau Trampeneaus Leben gaben.

Da war das Marmeladenglas, in dem das SED-Parteiabzeichen lag: »Wo haben Sie das denn her?«

»Ich habe doch mein Herz Erich Honecker gegeben!«

»Wie? Waren Sie in der Partei?«

»Nein, Herztransplantation!« Das meinte sie auch so.

Ein herumliegender Büstenhalter geriet in Frau Trampeneaus Blickfeld. Sie nahm ihn und drückte ihn tief ergriffen an ihr Gesicht: »Meine Schwester! Vergewaltigt!«

Auf Frau Trampeneaus Bett lag eine kleine Puppe, fürsorglich gebettet und zugedeckt. Sie hatte nur ein Bein. Frau Trampeneau hatte sie im Müll gefunden. Sie war sich nicht ganz sicher, ob es bloß eine Puppe oder ob es nicht doch eins ihrer Kinder war. Tränen liefen ihr übers Gesicht. Wir sprachen über Muttersein und Kindsein: Wie gut es war, wenn man irgendwo hingehen kann. Das brachte sie darauf, ihre Mutter mal wieder zu besuchen.

Wir kauften eine Couch. Während der Verkäufer uns weitschweifig die Vorzüge erläuterte, demonstrierte Frau Trampeneau, dass sie schon lange nicht mehr zuhören konnte, indem sie die lockere Zahnbrücke mit den zwei Schneidezähnen in Bewegung setzte und auf der Unterlippe ablegte. Die verdutzten, aufgerissenen Augen des Verkäufers werde ich nie vergessen. Ich konnte den Kauf zu einem unspektakulären Ende bringen.

Frau Trampeneau konnte ihre Störung ziemlich zielsicher einsetzen. Ein anderes Mal beobachtete ich, wie sie schnaufend in die Straßenbahn einstieg. Den Fahrschein trug sie für alle sichtbar in Brusthöhe vor sich her, steuerte am Entwerter vorbei und ließ sich auf einen Platz fallen. Dort sitzend erschienen ihre Zähne auf der Unterlippe. Ich glaube, so wäre sie bei jedem Kontrolleur durchgekommen.

**Was hat Frau Trampeneau mir Neues vom Leben gezeigt?**
Frau Trampeneau hatte nicht nur sehr unterschiedliche Züge, Sehnsüchte, Vorstellungen von sich selbst und vom Leben, ihrer Erkrankung war es auch geschuldet, dass sie sehr unterschiedliche Möglichkeiten entwickelte, sich das zu holen oder zu geben, was sie brauchte. Sie war lebensklug, bauernschlau und lebenspraktisch. Ich glaube nicht, dass sie unglücklich war.

Neu war für mich auch, Frau Trampeneaus Psychiatrie-Erfahrungen zu nutzen. Ich erzählte ihr manchmal von schwierigen Klienten, wie ich sie erlebte und wie ratlos ich zuweilen war. Ich bat sie um Rat. Es war beeindruckend, welch klare Ansagen sie da machen konnte, welche Ursachen sie mir zeigte und wie sie mich alles in allem zu großer Gelassenheit ermunterte.

Frau Trampeneau stellte auch meine kritische Haltung gegenüber Psychopharmaka infrage. Durch sie erfuhr ich nachdrücklich, was es bedeutet, in der Wahngewissheit verharren und hören zu müssen, dass die eigenen Kinder ermordet werden, dass sie selbst vergewaltigt wird. Das waren unzumutbare Leiden. Ich denke, Psychopharmaka haben es ihr ermöglicht, außerhalb der Klinik zu leben.

Vor allem aber zeigte mir Frau Trampeneau sehr deutlich, dass ich ihr nichts darüber zu erzählen brauchte, wie das Leben geht. Sie wusste es und ich konnte es so nach und nach entdecken. Ich glaube, erst in dem Augenblick, als mir klar wurde, dass ich niemals besser als Frau Trampeneau wissen würde, was sie brauchte, konnte ich wirklich entdecken, welche vielfältigen Ressourcen sie hatte.

**Was sagt Frau Trampeneau zu meiner Geschichte?**
Es gefiel ihr nicht, dass ich ihr in meiner ersten Fassung einen so gewöhnlichen Namen gegeben hatte. Ich sollte sie Frau Trampeneau nennen.

»Ist das ein französischer Name?«

»Ich bin Französin, eine Gräfin!« Sie buchstabierte mir den Namen. Ich versprach ihr, ihn zu ändern.

Während ich vorlas, saß sie neben mir und verfolgte mit den Augen die Zeilen. Zwischendurch fragte ich immer mal wieder, ob sie sich erinnern könne und ob es so war. Sie lächelte und nickte. Wenn eine Stelle kam, in der sie auf Versuche der Bevormundung von außen mit ihrem Recht auf Selbstbestimmung konterte, sagte sie zufrieden: »Das mach ich immer noch so!«

»Wie ist das für Sie, wenn ich das veröffentliche?«

»Ich fühle mich gebauchmiezelt!«

## »Haben Sie nicht eine Kollegin, die so ähnlich ist wie Sie?«
### Herr Hermann

Wir arbeiteten mit einigen Vermietern richtig gut zusammen. Das war oft unser Glück.

Herr Hermann wurde mir vom Sozialarbeiter einer größeren Wohnungsgesellschaft gemeldet. Seine Nachbarn beschwerten sich. Sie fühlten sich durch seine lauten Selbstgespräche gestört. Solange wir zu regelmäßigen Hausbesuchen erschienen, stand Herr Hermann unter dem persönlichen Schutz dieses Sozialarbeiters, der Vertrauen in unsere Arbeit setzte.

Ich meldete bei Herrn Hermann meinen Besuch mit einem Brief an. Als ich zum angekündigten Termin bei ihm klingelte, öffnete mir ein alter, sich sehr gerade haltender Herr. Er bat mich in seine Stube und zeigte sich erleichtert, dass sich endlich jemand von »höherer Stelle« seiner Sache annahm. Er bot mir an, in einem älteren Sessel Platz zu nehmen, und setzte sich selbst auf einen alten drehbaren Bürostuhl.

In meinem Brief hatte ich bereits angekündigt, was der Grund meines Hausbesuchs war und wer mich beauftragt hatte. Ich nahm darauf Bezug und stellte die Frage nach seiner persönlichen Einschätzung der Situation. Damit fühlte sich Herr Hermann eingeladen. Er begann ohne Vorwarnung mit dem »Gespräch«. Dabei schaute er schräg nach oben an die Decke oder an die Wand. Seine Art zu reden ließ mir wenig Raum zum Nachfragen. Er sprach von seiner »lieben Frau«, die er bis zu ihrem Tode gepflegt habe, und von seinem »lieben Sohn«, der in der Nähe wohne und ab und an zu ihm käme. Trotz seines hohen Alters schaffe er es noch, sich allein zu versorgen.

Während ich ihm zuhörte, glitt mein Blick über die Bilder, die dicht an dicht an den Wänden hingen. Soweit ich sie von meinem Platz aus sehen konnte, waren es bunte, auf verschieden große Sperrholzplatten gemalte Ölbilder mit ganz unterschiedlichen Motiven: Landschaften, Porträts, Tiere. Nicht nur ein Frauenporträt war von kleinen Bildern oder Schriftzeichen eingerahmt, fast jedes Bild war von regelmäßigen bunten Strichen oder Mustern umgeben.

Nach einer Stunde hatte ich ein paar Informationen über seine aktuelle soziale Situation, seine Familie und darüber, dass es eine »Organisation« gebe, die ihn verfolge und in der ganzen Stadt diffamiere. Immer noch sah er an die Decke. Seine Stimme war gepresst. Ich spürte, wie viel Kraft es ihn kostete, Haltung zu bewahren.

Als ich mich nach der Zusicherung wiederzukommen verabschiedete, fragte ich Herrn Hermann, ob er die Bilder selbst gemalt habe. »Ja, das war einmal!« Er winkte ab.

Von nun an war ich regelmäßig bei Herrn Hermann zu Gast. Er kochte stets einen besonderen Kaffee mit mir fremden Gewürzen, der wirklich hervorragend schmeckte. Dazu legte er mir zwei, manchmal drei Kekse auf ein Tellerchen. Ich saß in dem Sessel und er auf dem Bürostuhl. Er schaute an die Decke und nahm das »Gespräch« auf. Ich hörte ihm hauptsächlich zu und fühlte mich ein bisschen wie seine Tischdame.

Herr Hermann stand unter Druck, die »Organisation« setzte ihm zu. Er erzählte mir, dass er im Zweiten Weltkrieg zur berittenen Armee gehört hatte, zu den Dragonern. Er hätte in Karelien gekämpft und in der Finnmark. Die »Organisation« arbeite hier im Haus, sagte er. Er höre sie aus unterschiedlichen Richtungen über ihn reden und ihn als Nazi verleumden. Er brachte es nicht fertig, Näheres zu erzählen, weil es ihn so außerordentlich beschämte. Diese Scham konnte er wohl nur ertragen, indem er seinerseits »diese Leute« diffamierte.

Während er redete, entstanden in mir Bilder – und nach und nach erkannte ich die Geschichten auf den Bildern wieder. Einmal zeigte er mir ein selbst gemaltes Bild, auf dem ein Ufo zu sehen war. Dieses Ufo habe er in der Finnmark gesehen und niemand hatte es ihm glauben wollen.

Während eines Hausbesuches sah ich, dass sein Stubenfenster völlig verdreckt war. Von außen klebten getrocknete Schlammklumpen daran und hatten Schleifspuren hinterlassen. Ich fragte ihn, was das sei. Er winkte ab. Ich solle keine Notiz davon nehmen, die »Organisation« verfolge ihn auf jede üble Art und Weise.

Jetzt war ich in der Bredouille. Bisher »agierte die Organisation« durch Stimmen und verfolgte ihn im gesamten Stadtgebiet. Alle Handybenutzer vernetzten sich seiner festen Überzeugung nach und meldeten der Organisation stets, wo er sich gerade aufhielt. Aber wer warf hier mit Dreck? War er das selbst? Ich hatte keine Idee und beschloss abzuwarten.

Bei einem der nächsten Hausbesuche sollte sich das Rätsel lösen. Ich saß wieder in »meinem« alten Sessel und Herr Hermann im Gegenlicht des Fensters auf seinem Bürostuhl. Aufgrund seiner Schwerhörigkeit redete er sehr laut. Plötzlich sah ich, wie sich ein »Stinkefinger« über die Balkonbrüstung schob, begleitet von üblen Sprüchen. Wie vom Donner gerührt, sprang ich aus meinem Sessel, riss die Tür zum Balkon auf und stellte einen jungen Mann aus der angrenzenden Wohnung zur Rede.

Auf dem Weg vom Sessel zum Balkon verwandelte ich mich in eine Amtsperson. Ich »befahl« ihm, seine Selbstjustiz augenblicklich einzustellen, weil ihm andernfalls eine Anzeige drohe.

Der Bursche war natürlich etwas verdattert ob meines Auftretens und wollte mir weismachen, dass »der alte Pisser spinnt«. Kurz und gut und dank der konstruktiven Zusammenarbeit mit dem Sozialarbeiter der Wohnungsgesellschaft bekam der junge Mann eine neue Wohnung und seine wurde nach kurzem Leerstand an einen gehörlosen Wohnungssuchenden vermietet.

Eines Tages öffnete mir Herr Hermann nicht. Ich war sehr besorgt. Es gab keinerlei Anhaltspunkte, die auf einen Kontaktabbruch hinwiesen. Ich rief durch die Tür, ob er mich hören könne. Er antwortete, dass er nicht aufstehen könne. Daraufhin rief ich den Notarzt. Die Tür wurde geöffnet. Herr Hermann kam ins Krankenhaus.

Ich konnte unseren Arzt gewinnen, Kontakt zum behandelnden Stationsarzt aufzunehmen. Nach Klärung der psychiatrischen Symptomatik wurde ein Konsiliararzt hinzugezogen. Eine angeordnete Medikation bewirkte, dass »die Organisation ins Nachbarhaus verzogen sei«, wie mir Herr Hermann sagte. Er höre sie zwar immer noch, aber er verstehe nicht mehr, was sie sagten. Das beruhigte ihn.

Ein halbes Jahr später musste ich mich von ihm verabschieden. Ein Dienststellenwechsel stand ins Haus. Der Abschied fiel ihm sichtlich schwer. Er sprach von militärischen Ehrenbezeugungen, die ich zweifellos verdient hätte. Er deutete meinen Wechsel so, als würde ich nun in den nächsthöheren Dienstgrad aufsteigen.

Ich bekam ein sehr persönliches Abschiedsgeschenk von Herrn Hermann. Er hatte eigenhändig aus einem alten Ledermantel eine Weste genäht. Die sollte ich meinem Mann schenken.

**Was war das Besondere an der Begegnung?**
Herr Hermann war ein Mann von Ehre. Geboren 1920, wurde er von Eltern erzogen, die noch dem deutschen Kaiser gedient hatten. Untertan der Obrigkeit zu sein, Fleiß und Rechtschaffenheit, selbst Oberhaupt einer Familie zu sein – das waren seine Werte. Daran gabs nichts zu rütteln. Wer anders dachte oder gar handelte, war ihm zu-

tiefst zuwider. Herr Hermann hatte in der Wehrmacht in einem Reiterregiment gedient, was er mit einem gewissen Stolz berichtete.

Die andere Seite, die ich von Herrn Hermann sah, war sehr sensibel. Er malte. Einige Wochen nach unserer ersten Begegnung fing er wieder damit an. Das freute mich unglaublich, weil es mir zeigte, dass er seinen Lebensfaden wieder aufgenommen hatte. Er zeigte mir hin und wieder eins seiner Bilder und erzählte mir das Stück seiner Lebensgeschichte dazu. Wenn er dabei auch von den Stimmen sprach, die ihn furchtbar quälten, so gab er doch niemals die Inhalte preis. Ich vermutete seine tiefe Beschämung.

Wie nahm ich diese Scham wahr? Einen Augenblick ging er in sich. Vielleicht stiegen Erinnerungsbilder in ihm auf. Dann begann er in verzweifeltem Zorn die Stimmen zu beschimpfen und sich zu rechtfertigen. Im nächsten Schritt versuchte er die Stimmen zu verdrängen: »Die haben keine Ahnung vom Leben. Man darf da gar nicht hinhören! Alles Lügen!«

Das Besondere an der Begegnung war diese Wechselwirkung: Er konnte mich sofort annehmen, denn ich kam als Autorität »von höherer Stelle«. Er konnte reden, reden, reden und nahm meine Art ihm zuzuhören als Entlastung wahr. Er gewann Vertrauen. Dass ihm durch diesen Prozess wie von selbst die Wohnung erhalten blieb, war ihm sicher überhaupt nicht bewusst.

**Zu welchen Interventionen hat mich diese Begegnung angeregt?**
Obwohl ich relativ inaktiv während der gesamten Begleitung erschienen sein mag, ist Wesentliches passiert. Ich kam in regelmäßigen Abständen sehr zuverlässig zu Hausbesuchen. Herr Hermann hatte jemanden zum Zuhören. Wohl stellte ich Fragen oder gab ihm zurück, was ich spürte, z. B. den Ärger über die Stimmen. Ich beobachtete zudem aufmerksam seinen Alltag, wo erkennbar wurde, was ihm zum Leben fehlte.

Es gibt Erfahrungen, die sich wie ein Credo in mein Hirn eingebrannt haben. Eine davon ist, dass minderbelastende Maßnahmen zwar viel Zeit brauchen, aber nachhaltig wirken. Und erst wenn Vertrauen gewachsen ist, wenn sich die Klienten in ihrem Leiden angenommen fühlen, ist es möglich, die guten Errungenschaften medizinischer Behandlung einzubringen.

Ich versuche das in der Regel über zwei Wege. Einer bestand darin, beiläufig eine hypothetische Frage zu stellen: »Angenommen, es würde etwas geben, etwa ein Medikament, das Sie etwas vor diesen Stimmen abschirmen könnte, hätten Sie daran Interesse?« Um die Wirkung des Medikaments näher zu erläutern, nutze ich das Bild von der Dünnhäutigkeit, die manche Menschen haben, weshalb sie sich nicht so gut vor Reizen schützen können wie andere. Der zweite Weg, den ich wähle, ist der über die Motivierende Gesprächsführung. Wenn man Menschen dort abholt, wo sie sich gerade in ihrer Auseinandersetzung mit der psychischen Störung befinden, ist es möglich, partnerschaftlich zu einer Zielvorstellung und zu Entscheidungen zu kommen. Das ist aber auch ein Weg, der Flexibilität und die Bereitschaft erfordert, andere Ziele als die eigenen zuzulassen.

Wenn ich dem Druck von außen nachgab und versuchte, Klienten zu früh davon zu überzeugen, Medikamente zu nehmen, dann haben sie den Kontakt abgebrochen. Sofort und unumkehrbar!

In Herrn Hermanns Fall kam der Klinikaufenthalt auf einer inneren Station in einem Augenblick, in dem die Beziehung zu mir gefestigt war und die Zusammenarbeit auf ärztlicher Ebene zu einem guten Ergebnis führte. Herr Hermann nahm die Medikamente an, sein Leid nahm ab, er brauchte diese lauten Selbstgespräche nicht mehr und damit löste sich auch das Wohnungsproblem.

**Was ist davon heute übrig geblieben?**
Ich bin zutiefst davon überzeugt, dass Wahngeschichten untrennbar mit der Lebensgeschichte verbunden sind. So sehe ich es auch,

wenn starke Gefühle wie Verletztsein, Scham, Schuld, Angst, innerer Schmerz in manchmal unkontrollierter Weise aus Klienten herausbrechen.

Bei Herrn Hermann bin ich immer wieder auf diese versteckte Scham gestoßen. Als ich schon lange nicht mehr mit ihm arbeitete, las ich ein Buch, das den Überfall der deutschen Wehrmacht in Nordnorwegen, also in der Finnmark, schilderte. Beim Rückzug vertrieben die Soldaten die Bewohner und steckten deren Gehöfte in Brand. Damit wollten sie der russischen Armee die Möglichkeit nehmen, Unterkunft und Verpflegung zu finden. Der Hass auf die Deutschen ist seitdem über Generationen weitergetragen worden.

Noch einmal kam ich mit diesem Kriegsgeschehen in Kontakt, als 2012 das Attentat von Utoya Norwegen und Europa erschütterte. Zu der Zeit arbeitete ein Mitglied meiner Familie im Signaldalen, einem Tal hoch im Norden Norwegens, in einem Seniorenheim. So erfuhren wir, was das Attentat bei den Bewohnern im Signaldalen auslöste. Sie fühlten sich an den Überfall der Wehrmacht erinnert. Das damals erfahrene Leid, die Angst stiegen noch einmal in diesen alten Menschen hoch. Sie weinten und mussten davon erzählen.

In mir entstand die Frage, ob Herr Hermann, der in der Finnmark ein Ufo gesehen hatte, an diesen grauenhaften Taten der Wehrmacht beteiligt gewesen war? Hatte er Schuld auf sich geladen, derer er sich zutiefst schämte? Hatte sein sensibler Anteil ihm das Ufo »geschickt«, um dieser Situation zu entfliehen?

Ich weiß es nicht, halte es aber für wahrscheinlich, dass sich auch bei Herrn Hermann die Lebensgeschichte mit der Weltgeschichte verbunden hat und das Wahnerleben als Ventil diente.

**Welche Herausforderung lag in dieser Begleitung?**
Die Herausforderung lag darin, den Zweifeln und Anfeindungen von außen standzuhalten. Von den Angehörigen wurde wahrgenommen, dass ich »nichts« machte. Das wurde auch lange von den Nachbarn

so gesehen. Zum Glück hatte der Sozialarbeiter der Wohnungsgesellschaft Vertrauen in meine Arbeit und eine große Gelassenheit. Das aktive Zuwarten auf eine günstige Gelegenheit zum Handeln wird selten auf so spektakuläre Weise belohnt und anerkannt, aber ein Versuch lohnt sich fast immer.

### Welche Bilder habe ich mitgenommen?
### Welche Sätze sind geblieben?

Als ich einmal um die Mittagszeit angekündigt zum Hausbesuch erschien, war der Tisch festlich gedeckt. Weiße Tischdecke, Porzellan und Tafelsilber, Weingläser. Etwas verwundert fragte ich, ob er Geburtstag habe oder was gefeiert würde. Herr Hermann saß in straffer Körperhaltung auf seinem Bürostuhl und machte mir in wohlgesetzten Worten einen Heiratsantrag. Ich war verwirrt. Der letzte Heiratsantrag war schon lange her. Ich hatte bisher keine Erfahrungen, wie ich als Sozialarbeiterin in der Psychiatrie mit Heiratsanträgen umgehen könnte, also tat ich das Naheliegende und sagte: »Herr Hermann, ich bin schon verheiratet!« Ich unterstrich meine Worte noch, indem ich auf meinen Ehering zeigte.

Herr Hermann sackte kaum merklich auf seinem Stuhl zusammen, hatte sich aber sofort wieder im Griff. »Ich dachte es mir schon!«, nahm er das Gespräch wieder auf, »aber vielleicht haben Sie eine Kollegin, die so ähnlich ist wie Sie und die Sie fragen könnten?« Das wollte ich tun und gestehe, dass mich der Gedanke sehr erheiterte, einer Kollegin, die sich gerade darüber beschwert hatte, dass ihr Mann nachts schnarche, den Antrag weiterzureichen. Ein bisschen Humor gehört zu unserer Psychohygiene und darf sein.

Trotz Korb lud Herr Hermann mich zum Essen ein. Es gab hervorragendes Hirschgulasch. Vom Rotwein nippte ich nur ein kleines Schlückchen. Ich musste noch Auto fahren.

**Was hat Herr Hermann mir Neues vom Leben gezeigt?**
Wenn ich die Möglichkeit habe, Prozesse zu gestalten, die über sozialanwaltliche* Hilfen hinausgehen, habe ich großes Interesse an der Lebensgeschichte. Alte Leute fangen meist von selbst an zu erzählen, was sie erlebt haben.

Herrn Hermanns Geschichte lag schon eine ganze Zeit etwas unaufgeräumt in meiner Sozialarbeiterseele herum. Als ich die Geschichte des Rückzugs der Wehrmacht durch Norwegen las, erschien sie plötzlich vor meinem inneren Auge. Es entstanden mögliche Zusammenhänge. Durch Herrn Hermann wurde mir bewusst, dass jedes Lebensschicksal in einem größeren historischen Kontext zu sehen ist und von diesem beeinflusst wird.

## »Und bitten Sie die gnädige Frau um eine gütige Entscheidung«
### Herr Zimmermann

Wir waren in der Straßenbahn unterwegs zum Amt. Herr Zimmermann, ein Opernsänger von etwa 55 Jahren, und ich, die »gnädige Frau«. Ich regte ein Gespräch über seine Lieblingsrolle an. Herr Zimmermann holte aus, rezitierte Texte und beschrieb mir eine wunderbare Musik. Im Nu befanden wir uns auf einer Bühne. In der Straßenbahn redete außer Herrn Zimmermann niemand mehr. Es schien, als lauschten alle Fahrgäste seinen theatralischen Ausführungen.

Herr Zimmermann vermied es, in einer eigenen Wohnung zu leben. Er verweilte für unbestimmte Zeit in Pensionen. Im Amt sollte es um die Bewilligung der Kosten für die Unterkunft gehen, in der Herr Zimmermann Quartier bezogen hatte. Er bat in wohl gewählten Worten um einen Pass für soziale Vergünstigungen und um die Übernahme der Pensionskosten.

Ich bemerkte, dass durch seine Höflichkeit und seinen umwerfenden Charme alles wie am Schnürchen lief. Wann wird man denn schon in einem Amt mit »gnädige Frau« angeredet? Doch die Sachbearbeiterin hatte keinen Entscheidungsspielraum, sie wollte die Abteilungsleiterin hinzuziehen. Mit einer kleinen Verbeugung, er war immer in Schlips und Kragen, ließ er die Abteilungsleiterin grüßen: »Und bitten Sie die gnädige Frau um eine gütige Entscheidung!« Sie hat gütig entschieden.

Zu dieser Zeit sollte eine Sozialpsychiatrische Tagung in unserer Stadt stattfinden. Ich war in der Vorbereitungsgruppe und mir kam der Gedanke, ob es nicht für Herrn Zimmermann eine Gelegenheit wäre, dort zu singen, als kulturelle Einlage zwischen den Referaten. Eine gute Gage für Sänger und Begleitung war schnell ausgehandelt. Herr Zimmermann war begeistert.

Ich fand einen Pianisten, der ihn begleiten wollte. Wir verabredeten uns zur ersten Probe. Bis zum ersten Treffen erhielt ich von Herrn Zimmermann ein Porträtfoto in A5 und mehrere Briefe, in denen er mich beschwor, dass es doch recht und billig wäre, wenn er, der Bassbariton, drei Viertel der Gage bekäme und der Pianist, der ihn ja nur begleite, ein Viertel. Das konnte ich ihm leider nicht versprechen.

Zur ersten Probe erschien Herr Zimmermann in Jackett und Schlips. Statt der dazugehörigen Hose trug er Bermudashorts, jedes Bein anders gemustert. Ich bekam einen großen Schreck und fragte mich zuerst, wie das eben in meinem Berufsstand so ist, ob er vielleicht manisch geworden sei. Das war er nicht, sondern seine Anzughose war beschmutzt und er hat nur diesen Ersatz.

Der Pianist hob an zu spielen. Herr Zimmermann stand in Solistenpose dem Publikum, im Augenblick also mir, zugewandt und setzte ein, indem er einen Schritt auf mich zuging: »Ich liebe dich so wie du mich am Abend und am Mo-or-gen ...«. Von seiner sonst so wohltönenden Stimme war nichts mehr übrig geblieben. Ein gepresster Gesang erreichte mein Ohr. Mir wurde ganz schwindelig. Was hatte ich getan. Ich war völlig ratlos. Herr Zimmermann schien zutiefst zufrieden.

Eine nächste Probe wurde vereinbart.

Der Pianist rief mich an und sagte, dass er Herrn Zimmermann nicht begleiten könne. Es war mir natürlich unterdessen auch klar geworden, dass wir Herrn Zimmermann nicht vorführen konnten. Wir verabredeten, dass er ihm seine Absage aus musikalischer Sicht beim nächsten Treffen nahebringen sollte, damit ich direkt beim Ausbruch einer möglichen Krise intervenieren konnte.

Diese Sorgen waren indessen völlig unnötig. Herr Zimmermann nahm die Absage gelassen entgegen. Er realisierte sofort, dass der Pianist nicht Professor an einer Musikhochschule war und von daher ein blutiger Laie, der seinen Gesang weder beurteilen noch professionell einschätzen könne. Sein einziges Interesse an der Sache sei gewesen, sich ein wenig Geld dazuzuverdienen. Wenn er ihn nicht begleiten wolle, dann sei die Sache für ihn erledigt. Zu mir gewandt fügte er hinzu: »Gnädige Frau, Sie wollten mir noch die Adresse geben, wo ich neue Schuhe bekommen kann.« Damit stand er auf, machte eine kleine souveräne Verbeugung und verabschiedete sich.

Die Größe des Steines, der mir vom Herzen fiel, kann sich niemand vorstellen.

Von da an blieb Herr Zimmermann wie vom Erdboden verschluckt. Ich hörte nichts von ihm und traf ihn auch nicht zufällig in der Stadt. Auf meine Kontaktangebote erhielt ich keine Antwort. Eine soziale Not war nicht zu erwarten. Ich wusste, dass Herr Zimmermann gerne in der Stadt unterwegs war und kreativ seinen Tag gestaltete.

Erst Monate später traf ich ihn an einer zentralen Haltestelle in der Stadt. Er kam auf mich zugeschwebt und knallte mir einen Kuss auf die Wange: »Frau Staemmler, gnädige Frau, Sie Förderin meines Talents! Ich gehe nach Prag!« Das war unsere letzte Begegnung und gleichsam sein Abschied.

**Was war das Besondere an der Begegnung?**
Wenn ich mit Herrn Zimmermann unterwegs war, dann fühlte ich mich für den Rest der Woche wie auf Flügeln. Ein wunderbares Gefühl! Es war faszinierend zu erleben, was eine solche sprachliche Gewandtheit für einen Einfluss hatte. Die Straßenbahn, das Amt, alles verwandelte sich in ein Theater. Und in diesem Theater hatte ich eine ganz kleine Rolle, meist war ich bloß Statistin und guckte mit großen Augen und lauschte mit neugierigen Ohren, wie sich das Stück entwickelte. Dabei vergaß ich manchmal, dass ich Sozialarbeiterin bin.

Wenn ich wieder auf dem Boden der Tatsachen angekommen war, dann war ich natürlich neugierig auf diesen Mann. Wo kam er her, aus welcher Familie? Was war passiert? Wo oder zu welcher Zeit gab es diesen Bruch in seinem Leben?

Wenn ich ihm manchmal eine harmlose Frage stellte und ihn ansah, dann wusste ich, dass ich im Begriff war, verbotenes Land zu betreten. Er hatte dann einen unglaublich empfindsamen Gesichtsausdruck, der mich sofort den Rückzug antreten ließ.

**Zu welchen Interventionen hat mich diese Begegnung angeregt?**
Es war die Erfahrung, bestimmte Kommunikationsstile an den Körperhaltungen meiner Klienten zu erkennen und bei mir selbst Signale wahrzunehmen, die mich innerlich in Habachtstellung versetzten. Herr Zimmermann hatte mich wie die Kolleginnen im Amt geblendet. Seine Rolle als Opernsänger gab ihm Sicherheit. Er war ein Verführer, und das nicht ohne Grund: Er lenkte auf charmante Weise von den Themen ab, die ihm gefährlich werden konnten.

Während Herr Zimmermann in Ablenkungsmanövern aufblühte, spürte ich selbst eine glückselige Leichtigkeit, die ich nicht hinterfragen wollte. Es erforderte viel Selbstdisziplin, sich dem Ernst der Sache wieder zuzuwenden.

**Was ist davon heute übrig geblieben?**
Ich gebe zu, es war der Genuss, der einer Verführung innewohnt, an den ich im Zusammenhang mit Herrn Zimmermann gerne zurückdenke. Auch wenn ich die warnenden Worte meines Chefs nach der gescheiterten Gesangseinlage noch im Ohr habe, dass mit mir wohl manchmal die Pferde durchgingen, so ist mir die andere, die sensible Seite Herrn Zimmermanns ebenso gegenwärtig. Ich vermute, dass er immer weiterziehen musste, bevor ihn jemand näher kennenlernen oder mehr über ihn erfahren durfte.

**Welche Herausforderung lag in dieser Begleitung?**
Die Herausforderung lag darin, Herrn Zimmermann nur im sozialanwaltlichen* Rahmen zu begleiten, ihn so zu respektieren und zu lassen, wie er war. Seine Strategien hatten sich für ihn bewährt. Es war aber die Neugierde auf den Menschen und seine Geschichte, die mich reizten. Es hat auch Spaß gemacht, mit ihm unterwegs zu sein.

Natürlich wäre es eine Herausforderung gewesen, seiner theatralischen Verführung zu widerstehen. Stattdessen habe ich mich begeistern lassen, war durch sein Auftreten geblendet und vermochte keine ausreichende Distanz herzustellen.

**Welche Bilder habe ich mitgenommen?**
**Welche Sätze sind geblieben?**
Eigentlich war es diese wunderbare Sprache, die mich mitriss und in die Theaterwelt entführte. Das war aber bloß die Oberfläche.

Ich werde dieses Bild nicht vergessen, wie Herr Zimmermann zur ersten Probe in diesen kunterbunten Bermudas erschien. Das war wie eine Entblößung. Er zeigte mir ein Bild von sich, das nicht mehr stimmig war. Ich sah ihn plötzlich ganz ungeschützt, ohne verführende Fassade. Das hat mich berührt und mich unsanft auf den Boden der Realität zurückgeholt.

**Was hat Herr Zimmermann mir Neues vom Leben gezeigt?**
Es war interessant zu erleben, wie Kommunikationsformen sich aus der Biografie heraus entwickeln, wie sie Schutz und Bastion für den einen und eine Tür für den anderen sind. Da kann ich behutsam anklopfen, doch wenn ich nicht eingelassen werde, muss ich mich mit der Türschwelle zufriedengeben. Herr Zimmermann ließ mich außen stehen und unterhielt sich nur nett mit mir. Allerdings zeigte er mir für kurze Momente ein anderes Bild von sich und deutete damit an, was ich drinnen eventuell antreffen könnte.

## »Lieber Gott, ich brauche morgen 2000 Euro!«
## Frau Henning

Frau Henning wurde uns von der Opferberatungsstelle überwiesen. Sie wirkte dort so erregt und verwirrt, dass die Kolleginnen um eine ärztliche Intervention baten. Danach kam sie zu mir. Ich sollte bei der Klärung der sozialrechtlichen Fragen helfen.

Bei dieser ersten spontanen Begegnung in unserer Dienststelle erlebte ich sie völlig aufgelöst. Immer wieder musste sie eine für sie traumatische Begebenheit erzählen. Es kostete einige Mühe, etwas von ihrer augenblicklichen Lebensrealität zu erfahren.

Ich musste Frau Henning davon überzeugen, dass ich verstand, dass es ihr schlecht ging, wir aber erst gemeinsam zum Sozialamt gehen müssten, damit sie weitere Hilfen bekommen konnte. Das war ihr in diesem Augenblick aber überhaupt nicht wichtig. Ich sollte nur immer wieder zuhören.

Im Sozialamt war schon die Nachricht eingetroffen, dass bei Frau Henning eine Wohnungskündigung vorlag. Es eröffnete sich für mich nun der Blick in ein soziales Chaos: abgebrochenes Studium, kein Geld, keine Krankenversicherung, Mietschulden, Rückzahlungsforderungen vom Arbeitsamt. Familiäre Situation: geschieden, Mutter von fünf Kindern, die beim Vater lebten. Wenn wir die soziale

Not lindern wollten, dann brauchten wir zuallererst beweisträchtige Papiere, die Frau Hennings soziale Situation erklärten.

Wir fuhren gemeinsam in die Wohnung. Alle möglichen Papiere lagen auf dem Fußboden verstreut. Doch ich fand nichts Brauchbares, was für einen Antrag auf Übernahme der Mietschulden oder Hartz IV und weitere Unterstützungsmaßnahmen notwendig war. Während ich mich um Duplikate von Bafög-Bescheid, Mietvertrag, Betriebskostenabrechnungen und Kontoauszügen bemühte, erfuhr ich vom Vermieter, dass die Zwangsräumung für Ende November schon feststand.

Damit stieg der Druck nach einer entlastenden Lösung. Und das war erst der Anfang. Die Antragsbearbeitungen zogen sich in die Länge. Frau Henning schüttete ihre Geschichte, ihre Emotionen, vor allem ihre Wut auf einen Täter, den ahnungs- und hilflosen Sachbearbeiterinnen in den Ämtern vor die Füße. Sie erwartete, dass die Behörden sie verstanden und aus diesem Verständnis heraus handelten. Doch der ersehnte Erfolg blieb aus!

Ich telefonierte mit sämtlichen Ämtern und Behörden. Selbst das Innenministerium, bei dem Frau Henning fast täglich auftauchte, die Staatsanwaltschaft und das Vollstreckungsgericht kontaktierte ich, um mir Klarheit über die aktuelle Lage und erfolgversprechende Interventionen zu verschaffen, um Unmögliches möglich zu machen. Dort riet man mir, den behandelnden Arzt um Unterstützung zu bitten. Frau Henning erhielt eine ärztliche Bescheinigung, die ihren Opferstatus und eine posttraumatische Störung attestierte. Parallel versuchte ich, einen stationären Therapieplatz zu organisieren. Das Ziel war, die Wohnung zu erhalten und eine Perspektive zu schaffen. Ich war völlig besetzt von diesem Fall und konnte an gar nichts anderes mehr denken.

Als ich mich mit Frau Henning zur Notfallsprechstunde in das zuständige Jobcenter verabredet hatte, ging ich am Abend vorher in die Kirche zum Friedensgebet. Ich wollte ein bisschen Abstand gewinnen und zur Ruhe kommen. Dort traf ich Menschen, die ich kannte und die mir vertraut waren. Es bestand die Möglichkeit, ein Gebetsanliegen zu formulieren, indem man eine Kerze an der Altarkerze entzündete. Die anderen Besucher bestärkten die Betenden in ihrem Anliegen mit einem gesungenen Kyrie. Ich hörte, wie für den Frieden in der Welt und für Versöhnung in Konfliktgebieten gebetet wurde. Mir war das alles viel zu weit weg. Ich spürte, wie mich der Groll beschlich. Konnte es denn nicht ein bisschen konkreter zugehen? Ich stand auf, nahm mir eine Kerze und zündete sie an: »Lieber Gott, ich brauche morgen 2000 Euro, weil der Frau, die ich gerade begleite, die Zwangsräumung droht.« So, jetzt gings mir schon besser! Jetzt hatte Gott das Problem!

Als ich am nächsten Morgen vom Frühstückstisch aufstand, war ich mir sicher, dass wir das Amt nicht ohne die Miete für diesen Monat verlassen würden, um dem Vermieter wenigstens ein positives Zeichen unserer Bemühungen geben zu können.

Ich fuhr zum Amt. Das ärztliche Schreiben hatte ich bei mir. Frau Henning kam unmittelbar nach mir. Ich fragte sie, ob es ihr recht sei, wenn ich die Verhandlungen führen würde. Sie hatte nichts dagegen.

Wir arbeiteten uns von der Schlange in der Anmeldung zur nächsten Sachbearbeiterin im Großraumbüro vor. Ich erklärte, dass ich hier mit einer traumatisierten Frau käme, und skizzierte kurz die Situation, in der Frau Henning war. Dann zeigte ich das ärztliche Schreiben und benannte unser Anliegen.

Die Sachbearbeiterin hörte zu, sah sowohl mich als auch Frau Henning an, die neben mir saß. Sie nahm alles verständnisvoll und engagiert auf und leitete uns weiter zu einer Kollegin.

Als ich mich zwischendurch zu Frau Henning umdrehte, registrierte ich, dass ihre zuvor noch klaren Gesichtszüge in Bewegung geraten waren. Was hatte das zu bedeuten? Ich beobachtete, dass sich ihr Blick wieder aufklarte, als wir den Raum verließen, um zur Leistungsabteilung zu kommen. Ein seltsames Gefühl beschlich mich. Es war so, als wären wir in einem Schauspiel und spielten beide unsere Rollen.

Die Kollegin der Leistungsabteilung reagierte auf uns mit den Worten: »In diesem Fall diskutieren wir nicht, hier brauchen Sie Hilfe!« Sie verließ den Raum, um mit ihrer Vorgesetzten zu sprechen. Mit Erfolg. Der Leistungsbescheid wurde ausgestellt und uns zusammen mit einer Chipkarte ausgehändigt, die uns berechtigte, 2000 Euro für die Miete und eine ordentliche Nachzahlung für den Lebensunterhalt am Kassenautomaten abzuholen. Im Flur umarmte mich Frau Henning. Ich fühlte mich wie nach einem Husarenstreich. Ich konnte es nicht fassen!

Wir trennten die Miete vom Lebensunterhalt. Frau Henning erhielt das Geld zum Leben und ich nahm die geschuldete Miete an mich, um sie sofort zum Vermieter zu bringen. Nachdem wir den nächsten Kontakt vereinbart hatten, verabschiedeten wir uns.

Es war meine erste Gebetserhörung dieser Art. Euphorisch fuhr ich auf direktem Wege zum Vermieter und ließ dort keinen Zweifel aufkommen, dass ich in wichtiger Mission unterwegs war und zum zuständigen Mitarbeiter wollte. Dort spürte ich keinen Grund zur Demut und konnte den Triumph kaum verbergen: »Was würden Sie sagen, wenn ich Ihnen hier Frau Hennings Mietschulden auf den Schreibtisch lege?«

Ein misstrauischer Blick traf mich: »Na, das will ich erst mal sehen!«

Ich öffnete meine Tasche und legte unter seinen Blicken mit höchstem Genuss einen Schein nach dem anderen auf seinen Schreibtisch. Nach diesem Siegeszug konnte ich mir nicht verkneifen, auch noch »So! Bitte schön!« draufzusetzen.

Der Mitarbeiter zählte schweigend das Geld und stellte fest, dass noch eine Schuld von fast 500 Euro offen sei, nämlich die Gerichtskosten. »Sie haben wohl eine Beziehung im Amt? Dann können Sie die ja für die anderen Schulden auch noch spielen lassen!«

»Nein, ich habe keine Beziehung im Amt. Ich freue mich einfach, dass Sie jetzt die Zwangsräumung aussetzen können!« Die Freude, die ich so schamlos genoss, teilte er offensichtlich nicht, aber er nahm von der Zwangsräumung – vorläufig, wie er betonte – Abstand und versprach eine kleinere Wohnung.

Von der ersten Begegnung mit Frau Henning bis zu diesem Zeitpunkt waren 20 Tage vergangen. Alle Mietschulden waren beglichen und regelmäßige Leistungen vom Amt bewilligt worden. Weitere Mietzahlungen waren garantiert und die Übernahme der Krankenversicherung gewährleistet. Die Zwangsräumung war abgewendet. Ich atmete durch und vereinbarte mit Frau Henning die nächsten Schritte. Ich riet ihr dringend die Aufnahme einer stationären Psychotherapie. Frau Henning wollte jedoch erst umziehen. Wir bereiteten Anträge zur Übernahme der Umzugs- und Renovierungskosten vor. Frau Henning nahm sich viel stabiler wahr. Sie wollte die Anträge persönlich zum Jobcenter schicken.

Ich war voller Hoffnung. Nachdem das alte Jahr so erfreulich zu Ende gegangen war, sah ich der weiteren Begleitung von Frau Henning optimistisch entgegen. Doch im neuen Jahr wurde ich schon bald mit neuen Katastrophennachrichten konfrontiert: Frau Henning hatte die Anträge nicht wie vereinbart abgeschickt. Sie kümmerte sich auch nicht um die abgesprochenen Umzugsvorbereitungen. Mich erreichten Informationen über eine viel weitergehende hochgradige Verschuldung. Noch schlimmer war, dass Frau Henning die aktuelle Miete, die das Amt auf ihr Konto überwiesen hatte, nicht bezahlt hatte. Daher nahm der Vermieter seine Zusage, ihr eine kleinere Wohnung zu vermieten, zurück.

Frau Hennings Motivation zur Therapie war im Keller. Die Wohnung wollte sie gar nicht mehr haben, sagte sie. Sie quartierte sich bei einem Freund ein, auf dessen Kosten sie lebte. Der war nach ein paar Wochen des Zusammenlebens so restlos überfordert, dass er sie mitsamt ihrem Koffer bei mir abgeben wollte. Die Rechtsanwältin, die eine Klage gegen den Mann vorbereitet hatte, der Frau Henning wehgetan hatte, wie sie nicht müde wurde zu wiederholen, rief bei mir an, dass sie nicht für Frau Hennings Interessen eintreten könne, wenn Frau Henning ihr nicht zuarbeite.

Frau Henning war sehr betroffen, dass alle trotz ihres Zustands so viele Forderungen an sie stellten und so wenig Verständnis hatten, dass sie mit ihren traumatischen Erfahrungen manches nicht könne.

Es vergingen weitere drei Wochen. Die Wohnung, die wir erst gerettet hatten und die sie nun gar nicht mehr haben wollte, wurde zwangsgeräumt. Ich besprach mich mehrfach mit Kolleginnen und Kollegen, aber wir kamen auf keine tragfähige Lösung. Schließlich musste eine Betreuerin vom Amtsgericht bestellt werden, die die Behördenangelegenheiten übernahm.

Danach hörte ich nichts mehr von Frau Henning. Meine weiteren Kontaktversuche blieben unerwidert. Es gab keinen Abschied und keinen Abschluss.

**Was war das Besondere an der Begegnung?**
Der Fall war in seiner Komplexität unglaublich raumgreifend und kraftsaugend. Er beschäftigte Mitarbeiterinnen im Jobcenter, im Vollstreckungsgericht, Rechtsanwältinnen mit unterschiedlicher Spezialisierung, Ärzte und private Helfer, die Frau Henning unbedingt helfen wollten. Er band ungeheuer viel Energie und nahm auch mich völlig in Anspruch. Das gesamte Team war in Mitleidenschaft gezogen und ich war wahrscheinlich so unerträglich wie Frau Henning. Die professionelle Distanz ging allen verloren.

Ich kann mich erinnern, dass ich den Fall in die Supervision einbrachte, aber ich erinnere mich an kein Ergebnis. Das lässt mich im Nachhinein befürchten, dass mich die Supervision gar nicht erreicht hat. Ich blieb in meiner Spur so verhaftet wie Frau Henning in ihrer. Wir liefen nebeneinander her, ohne uns verstehend zu begegnen. Der Einstiegserfolg gaukelte mir vor, ich sei mit Frau Henning gut in

Kontakt gekommen. Ohne einen von ihr konkret benannten Auftrag sausten wir jedoch über das Ziel hinaus, das wir nicht kannten.

**Zu welchen Interventionen hat mich diese Begegnung angeregt?**
Durch Frau Hennings offensichtlichen Leidensdruck konzentrierte ich mich so auf das sozialanwaltliche* Handeln, dass die anderen Bereiche ihres Lebens mir nur als Schatten erschienen und erst viel später Konturen annahmen. Eine genaue Anamnese zu erheben, war mir nicht gelungen. Die Gesprächsführung gestaltete sich ausgenommen schwirig, Frau Henning kreiste immer und immer wieder um eine Geschichte mit einem Mann, der ihr wehgetan hatte. Doch sachliche Information und emotionaler Gehalt der Geschichte fielen in ihrer Erzählung völlig auseinander. Ich konnte keine Vergewaltigung darin erkennen, vermute aber, dass es früher eine gegeben hatte, denn Frau Henning, die regelmäßig in die Sauna ging, traf dort zuweilen den von ihr beschuldigten »Täter«, dem sie dann vorwarf, sie zu stalken. Die Frage, was ihr passiert war, blieb unbeantwortet.

**Was ist davon heute übrig geblieben?**
Frau Henning hat viele Zweifel hinterlassen. Selbstkritisch mein engagiertes Handeln betrachtend, denke ich heute, dass ich meine Aufmerksamkeit zu sehr auf die Lösung der akuten sozialen Probleme gelenkt und dabei meine Energien verschlissen habe. Besser wäre es gewesen, diese in die Begleitung einer stationären Therapie zu investieren. Ich hätte dem Risiko der Zwangsräumung gelassener ins Auge blicken und in Ruhe ergründen sollen, was für Frau Henning in diesem Augenblick wirklich von Bedeutung war. Dann wäre vielleicht die Wohnung verloren gewesen, aber genau das ist trotz aller Bemühungen eingetreten. Das konnte ich vorher nicht wissen. Eine gründlichere Anamnese hätte vermutlich die Prioritäten anders gesetzt.

**Welche Herausforderung lag in dieser Begleitung?**
Die Herausforderung lag darin, dem Handlungsdruck zu widerstehen. Statt in der Beziehungsarbeit in die Falle der Retterin zu treten, wäre eine gemeinsame Entwicklung eines realistischen Anliegens und Auftrags sinnvoll gewesen, die man immer wieder am Machbaren hätte prüfen können. Eine frühzeitige intensive, begleitende Teamarbeit hätte die Geschichte vielleicht in eine andere Bahn gelenkt.

Deutlich erkennbar ist mir aus der Retrospektive auch, welch hohes Manipulationspotenzial in Frau Hennings Auftreten und Erscheinen lag. Hatte das auch Auswirkungen auf das gesamte Team? Haben wir unsere Ressource, die Multiprofessionalität, ausreichend genutzt? Wären Fallberatungen anders verlaufen, wenn jede für sich den Fall von vornherein mit größerem Abstand analysiert hätte? Unbefriedigend blieb der Abschluss der Begleitung. Die Luft war einfach raus. Es wurde nicht mehr über diesen Fall gesprochen.

**Welche Bilder habe ich mitgenommen?**
**Welche Sätze sind geblieben?**
Ich erinnere mich, dass ich Frau Henning viel später noch einmal von ferne gesehen habe, wie sie ganz entspannt mit einem modischen Haarschnitt über eine Brücke schlenderte. Das war ein schönes, ja sogar symbolträchtiges Bild.

**Was hat Frau Henning mir Neues vom Leben gezeigt?**
Was mir ihre Begleitung gezeigt hat, ist nicht neu, geht mir aber im Alltagsstress immer wieder schnell verloren: Weniger ist mehr und langsamer ist schneller.

Frau Hennings Geschichte erinnert mich daran, mir in solchen Fällen Zeit zu nehmen, die Bedürfnisse der Person zu ergründen, ehe die Luft ausgeht.

# »Ich weiß nicht,
# wie lange das meine Arme noch tragen können!«
Familie Surikov

Es war kurz vor Weihnachten, mittags, als ich gegen Ende meiner Hausbesuchsrunde den Impuls spürte, doch noch einmal schnell bei Ljuba Surikova vorbeizuschauen. Als ich in die Straße einbog, sah ich Bücher aus ihrem Fenster im ersten Stock fliegen. Auf dem gegenüberliegenden Gerüst höhnten Bauarbeiter, als ihr rußverschmiertes, wütendes Gesicht im Fenster erschien. Als sie mich sah, fragte ich kurz, ob ich hochkommen dürfe. Sie nickte kaum merklich. Oben öffnete sie mir die Tür mit einer schweren Axt in der Hand. Die Wohnung war verwüstet. Von den sonst hier zutraulich und frei lebenden Mäusen war keine mehr zu sehen. Das Meerschweinchen war in der Glut des Ofens gebraten.

Die Tür im Rücken, mir der Gefahr bewusst, äußerlich so ruhig ich konnte, hatte ich nicht viel Zeit, die Situation zu erfassen. »Ljuba, ich sehe, dass es Ihnen ganz schlecht geht! Ich hole Hilfe! Warten Sie auf mich!«

Wieder auf der Straße nahm ich mein eigenes Entsetzen wahr. Ich war nicht gleich imstande zu telefonieren. Ich rannte den kurzen Weg zu meiner Dienststelle, um Ordnungsamt, Arzt und Polizei zu verständigen. In dieser Zeit zündete Ljuba die Wohnung an. Die Bauarbeiter riefen die Feuerwehr, Notarzt und Polizei, sodass Ljuba schon auf dem Weg in ein Krankenhaus war, bevor die »psychiatrische Rettung« eintraf. Von dort wurde sie dann in die Psychiatrie verlegt.

Ich besuchte sie öfter in der Klinik und später in der neuen Wohnung. Sie ließ sich medikamentös behandeln, was eine gewisse Ordnung in ihren Gedanken zur Folge hatte. Wir suchten nach Wegen aus der gnadenlosen Langeweile, die sie nun quälte. Konnten Holzwerkstatt oder eine Beschäftigung im Gartenbau ihr helfen? Selbst die Tagesklinik erschien Ljuba attraktiv, um der Langeweile zu entgehen.

In dieser Zeit nahm sie einen drogenabhängigen, obdachlosen »Kumpel« bei sich auf. Damit waren die Tage bis zur nächsten Eskalation gezählt. Diesmal vermüllte und zertrümmerte der »Kumpel« die Wohnung. Ihre Familie krempelte die Ärmel hoch und handelte. Es bedurfte dreier starker Männer, Ljuba aus der Gewalt des »Kumpels« zu befreien.

Ich besuchte sie bei den Eltern, bei denen sie sich versteckt hielt. Sie weinte, weil sie dem drogensüchtigen »Kumpel« helfen wollte. Sie musste akzeptieren, dass es sie überforderte. Bis ein Platz in einer sozialtherapeutischen Wohneinrichtung frei wurde, blieb sie bei ihren Eltern. Dort besuchte ich sie regelmäßig. So lernte ich auch die Familie kennen.

Als ich Ljuba nach ihrem Umzug in die Sozialtherapeutische Wohneinrichtung besuchte, erzählte sie: »Ich fühle mich, als wären alle Leute in mir drin. Das strengt mich sehr an. Jeden Morgen springt die Madonna in mich rein und dann muss ich mit ihr einige Kilometer Rad fahren.« Das Gespräch ließ unseren guten Kontakt aufleben. Nach einer Stunde sagte sie: »Ich fühle, dass Sie gehen wollen, aber nicht wissen, wie Sie sich von mir lösen wollen!« So kam sie mir zu Hilfe, indem sie festlegte, den Kaffee noch auszutrinken, »dann können wir das Band lösen«.

Ljuba war glücklich in der Wohneinrichtung. Sie hatte genau verfolgt, was ich mit ihren Eltern besprochen hatte, und sagte nun dazu: »Sie brauchen mehr Zeit füreinander! Sie arbeiten zu viel. Sie kommen manchmal hierher, vor allem meine Mutter. Dann fühle ich, dass sie sich verpflichtet fühlt, mich zu besuchen und sich dann auch noch bemüht, mich glücklich zu machen, obwohl sie selbst ganz müde ist. Wenn sie so müde ist, dann ist mir lieber, sie legt sich zu Hause aufs Sofa und trinkt eine Tasse Tee.«

Nach den Aufregungen hatte ich die Eltern ohnehin nicht allein lassen wollen und bot ihnen Angehörigengespräche an. Sie nahmen das dankbar an.

Der Vater sagte: »Wir können tun, was wir wollen. Wenn in unserer Familie ein bisschen Ruhe eingekehrt ist, passiert das nächste Unglück!« Frau Surikova ergänzte: »Ich weiß nicht, wie lange das meine Arme noch tragen können!« Ich fragte sie, ob sie sich vorstellen könnten, mir ihre Lebensgeschichte zu erzählen? Frau Surikova war gerührt, dass sich jemand dafür interessierte. Herr Surikov war etwas verhalten, jedoch nicht abgeneigt.

Wir saßen über den Tisch gebeugt und zeichneten gemeinsam das Genogramm*.

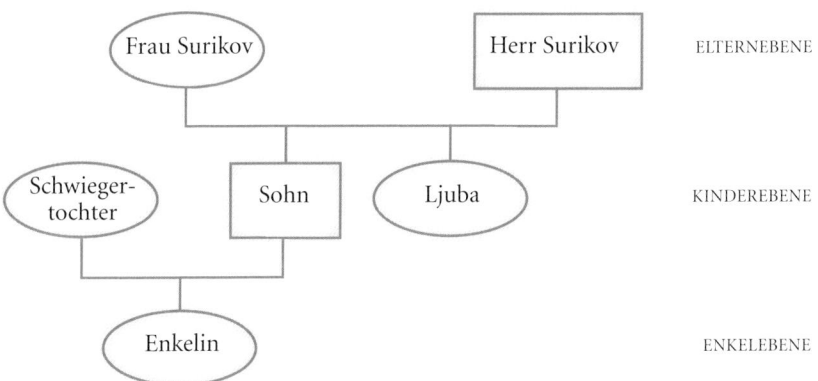

Das Elternpaar Surikov hat zwei Kinder. Der ältere Sohn ist verheiratet und hat eine Tochter. Auch er leidet an einer psychischen Erkrankung. Das bedrückt die Eltern. Sie erzählten mir, dass er wiederkehrende Verhaltensweisen nicht aufgeben könne und es auch schwer habe, Hilfe anzunehmen. Russische Männer wollen alles allein schaffen und nicht als »Weicheier« dastehen. Als Großeltern kümmern sie sich viel um die kleine Enkeltochter und sind stolz auf sie.

Ich fragte Frau Surikova nun nach ihren Eltern.

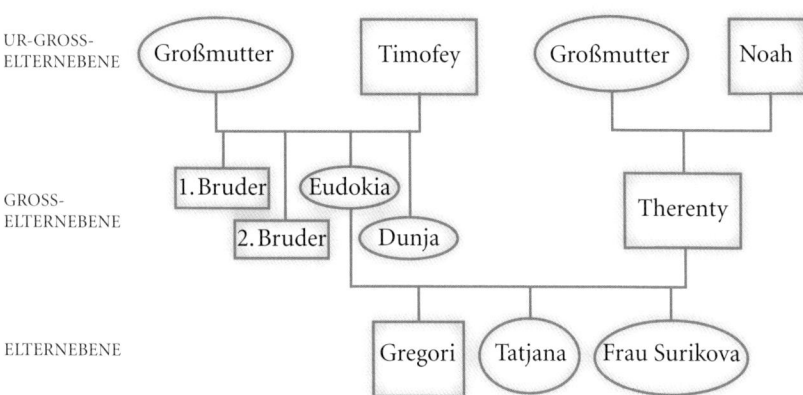

Diese hatten einen polnischen Familiennamen und lebten in einem Dorf in Galizien, der heutigen Westukraine. Sie betrieben eine kleine Landwirtschaft. Der jüdische Vorname des Großvaters Noah lässt vermuten, dass sie Juden waren, aber ihre Religion kannte Frau Surikova nicht.

Ich hatte keine Ahnung, was sich hinter »Galizien« verbarg, glaubte aber, dass es bedeutsam sei. Ich forschte ein bisschen nach und stellte fest, dass Galizien an wichtigen Handelswegen zwischen Europa und dem Orient lag. Seine Bevölkerung war multikulturell und multireligiös. Die politische Hoheit wechselte mehrfach. Nach polnischer, ukrainischer, russischer und deutscher Herrschaft gehörte

Galizien ab 1941 zur Sowjetunion. Das erklärte die vermutete Nationalitätenvielfalt in Frau Surikovas Herkunftsfamilie.

Ihre Mutter Eudokia stammte wie ihr Vater aus einer kleinen Landwirtschaft, die stalinistischer Zwangskollektivierung und Enteignung zum Opfer fiel. Frau Surikova erzählte, wie die Sowjetführung die sogenannte Kultur ins Dorf brachte. Auf dem Dorfplatz wurde eine große Leinwand aufgestellt. Tag und Nacht lief revolutionäre Musik über Lautsprecher und es wurden Filme über das Leben der Menschen gezeigt, die auf den Kolchosen arbeiteten und täglich Essen aus der Feldküche bekamen.

Welcher Hohn, dachte ich, nachdem ihnen zuvor die Lebensgrundlage weggenommen worden war.

Im Zweiten Weltkrieg gab es nur noch alte Leute, Frauen und Kinder im Dorf. Während der deutschen Besatzung wurden die verbliebenen Dorfbewohner zur Verfolgung und Vernichtung der Juden gezwungen.

Frau Surikova erzählte, dass ihre Familie durch die deutsche Okkupation zu deutschen Stempeln in den Pässen kam, was nach dem Sieg der Roten Armee als Verrat betrachtet und mit der Verbannung in ein Lager bestraft wurde.

Um der Verbannung zu entgehen, verbrannten Eudokia und Dunja, ihre jüngere Schwester, 1946 ihre Pässe. Sie versteckten sich mit ihren beiden kleinen Kindern – Frau Surikovas Bruder Gregori und Dunjas Baby – in einem Güterzug und kamen so nach Batumi in ein Flüchtlingslager. Frau Surikova wusste von dieser Flucht nichts weiter, außer dass ihrer Familie sämtliche Sachen gestohlen worden waren.

Frau Surikovas Vater fand seine Familie 1949 über das Rote Kreuz wieder. Ein Jahr später wurden ihre Schwester Tatjana und 1954 als jüngstes Kind Frau Surikova in Batumi geboren.

Frau Surikova erzählte, dass ihre Mutter Eudokia mit ihr zweimal in »die Heimat« gefahren sei. Sie habe viel von »zu Hause« gesprochen, habe von dem kleinen Dorf in Galizien oder von den

Liedern erzählt, die dort gesungen wurden. Dort war ihre Seele geblieben.

Frau Surikovas Bruder Gregori lebt immer noch in Batumi, das heute zu Georgien gehört. Ihre letzte Nachricht von ihm ist, dass ihre Mutter in seinen Armen verstorben sei. Tatjana, Frau Surikovas Schwester, ist zum Bau der Erdölpipeline an die Baikal-Amur-Magistrale an die chinesische Grenze gegangen. Weil dort die Versorgungslage besser war, ist sie dort geblieben. Frau Surikova hat seit dem Tod der Mutter den Kontakt zu beiden Geschwistern verloren.

»Wie fühlen Sie sich? Mehr als Polin oder mehr als Ukrainerin?«, fragte ich sie.

»Ich fühle mich mehr als Ukrainerin.«

»Und wie war es in Batumi, wo Sie geboren sind?«

»Batumi ist eine große Stadt. Dort haben wir wie alle Russen gelebt.«

Frau Surikova kam als Russin nach Deutschland und sagte von sich: »Ich bin fast eine Deutsche!« Ich stelle es mir schwierig vor, die eigene Nationalität ständig zu verstecken.

Herr Surikov erzählte voller Stolz und auch etwas wehmütig von seinen Eltern. Beide waren Russen.

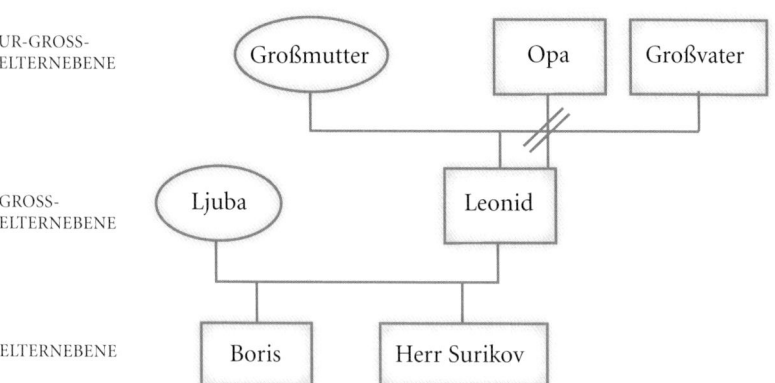

Sein Vater war Unteroffizier in der Roten Armee und Mitglied der Partei (KPdSU) gewesen. Er war von Pflegeeltern großgezogen worden. Dieser Pflegevater hieß für Herrn Surikov »Opa«, seinen Namen wusste er nicht mehr. Er hatte ihn geliebt, denn bei ihm verbrachte er jeden Sommer.

Herr Surikov erzählte, dass sein Vater einen Herzfehler hatte und mit vierzig Jahren verstarb.

Von seiner Mutter Ljuba berichtete Herr Surikov als Erstes, dass sie ihre Geburtsurkunde gefälscht und sich älter gemacht hatte, um als Soldatin im japanisch-russischen Krieg kämpfen zu können (August 1945, Anm. d. Verf.).

»Und was erzählte sie davon?«

»Sie sagte immer: ›Der letzte Dreck in dieser Welt ist der Krieg!‹ Es war ihr so ergangen, wie es Frauen im Krieg ergeht«, sagte Herr Surikov.

»Wie haben Sie Ihre Mutter sonst erlebt?«, fragte ich ihn weiter.

»Meine Mutter war sehr gerne fröhlich!«

Herr Surikovs Eltern starben beide innerhalb von vierzig Tagen. Ich fragte ihn, woran seine Mutter gestorben sei.

Herr Surikov erzählte mir von einer russischen Tradition, vermutlich sei es aus den Totengedächtnisfeiern der orthodoxen Kirche übernommen, nach der die Verwandten sich sieben Tage nach dem Tod des Angehörigen treffen und dann noch einmal vierzig Tage danach, um gemeinsam der Verstorbenen zu gedenken und zu trauern. Seine Mutter sei genau am vierzigsten Tag nach dem Vater gestorben – aus Liebe, sagte Herr Surikov.

Damit waren Herr Surikov und sein Bruder Boris früh auf sich gestellt.

Boris meldete sich 1979 freiwillig als Soldat für den Afghanistankrieg. Er wurde nach einem Jahr schwer verletzt und mit zwanzig Jahren Invalide.

Herr Surikov verlor den Kontakt zu seinem Bruder, als die Familie in die DDR ging. Erst lange nach der Wende hätten sie sich über eine russische Fernsehsendung wiedergefunden.

Herr Surikov war sehr stolz auf seine Familie, die sich ganz dem russisch-sowjetischen Patriotismus verpflichtet fühlte.

Ich sah die Abgründe, die sich bei beiden Familien nach dem ersten Teil der Biografiearbeit* zeigten: Flucht, Opfer und Täter, Trauma, Krisenbewältigungsstrategien, Sucht, unklares Rollenverständnis. Das war zu viel für eine sozialpädagogische Angehörigenarbeit. Was folgte daraus? Was war das Wichtigste? Herr und Frau Surikov wollten zur Ruhe kommen.

»Was glauben Sie, wer von diesen Menschen, die hier in dem Genogramm zu finden sind, würde Ihnen von Herzen Gutes wünschen?«, fragte ich.

Frau Surikova war fest davon überzeugt, dass dies ihr Bruder und die Mutter wären. Herr Surikov wischte sich verstohlen eine Träne aus dem Augenwinkel und sagte, seine Eltern. Für ihn sei ihre Liebe vorbildlich.

»Fallen Ihnen dazu Geschichten ein, die Sie sich erzählen können? Gibt es ein paar Fotos, die Sie sich gemeinsam ansehen können?«

Ja, das wollten sie tun.

Wir stiegen in den zweiten Teil der Biografiearbeit ein, der ihrer eigenen Familie und ihrem gemeinsamen Leben Raum geben sollte.

Herr und Frau Surikov kannten sich von Jugend an. Sie wohnten in derselben Straße. Zuerst hatte sie ihn nicht beachtet, weil er so ein schmaler Jüngling war, aber als er vom Militär kam, war aus ihm ein richtiger, schöner Mann geworden, sportlich und lustig, wie Frau Surikova sagte. Sie gingen gern am Strand spazieren. Er spielte Gitarre und sang Lieder, Volks- und Liebeslieder. Dabei saßen sie am Meer, Rücken an Rücken. Er bat sie darum und sie liebte es. Sie konnte das Gewicht auf ihrem schmalen Rücken kaum aushalten, aber sie sagte nichts. Frau Surikova wollte fortan für ihn sorgen wie eine Mutter.

Ihre Mutter Eudokia mochte den Schwiegersohn nicht: »Was willst du mit so einem, der keine Familie hat? Es wird dir mit ihm schlecht gehen!« Zu ihrer Hochzeit kamen weder ihre Mutter noch ihre Geschwister.

Konnte es sein, dass die Frage der Nationalität auch hier eine Rolle spielte?

Erst als Herr Surikov sich als Ehemann und Vater bewährte, akzeptierte Eudokia ihn als Schwiegersohn. Später, als die Kinder da waren, lebte sie sogar mit der Familie und Herrn Surikovs Bruder Boris in einer schönen Wohnung am Stadtrand von Batumi, ca. fünf Kilometer vom Meer entfernt.

Frau Surikova arbeitete als Warensachverständige in einem Warenlager. Während eines Urlaubs verschwanden große Warenmengen aus dem Lager, für das Frau Surikova zuständig war. Sie wurde der Veruntreuung sozialistischen Eigentums angeklagt. Frau Surikova berichtete, dass Arbeiter sie denunziert hätten. Man habe ihr unterstellt, mit den Dieben gemeinsame Sache zu machen. Sie erlebte zermürbende, Angst machende Verhöre. Man hätte ja viel gehört, was mit Frauen in russischen Lagern und Gefängnissen passierte, sagte Frau Surikova.

Als sie bei einem Fest einen alten Freund traf, der in der DDR bei den russischen Streitkräften sein Auskommen gefunden hatte, besprach sie diese Möglichkeit mit ihrem Mann. Der sagte: »Wir können es versuchen.«

Es war in der Sowjetunion üblich, sich den Ort zu suchen, an dem man glaubte, die besten Chancen zu haben.

Die Übersiedlung in die DDR verlief schnell.

Die Kasernen der russischen Armee in der DDR waren streng abgeriegelt. DDR-Bürger hatten keinen Zutritt und ich hatte keine Vorstellung, wie man dort gelebt hatte. Darum ermunterte ich Frau

Surikova, mir davon zu erzählen. Ihr Mann entschuldigte sich, er müsse arbeiten.

Frau Surikova begann mit der Reise. Sie erzählte mir, wie sie mit dem Zug durch die Weiten Russlands gefahren waren. Nach einer langen Reise wurden sie von einem Armee-Lkw am Bahnhof abgeholt. Die Plane hatte nur ein kleines Sichtfenster, durch das sie auf die Stadt schauen konnte, durch die sie fuhren. In der Kaserne angekommen, mussten sie den Wachsoldaten passieren. Das ganze Gelände war von einer Mauer umgeben.

Das zweistöckige Haus, in dem sie unterkamen, wurde »Pinguin« genannt, weil es so kalt war. Alles war dunkelgrau gestrichen, die Türen setzten sich dunkelbraun ab. Ein paar vereinzelte Glühbirnen hingen von der Decke. Jede Familie bekam ein Zimmer, ca. 25 m² groß. Manche hatten eine Pappwand eingezogen, um den Schlafbereich vom Wohnzimmer zu trennen.

Auf dem Flur war eine Küche für sechs bis acht Familien. Im Bad gab es nur kaltes Wasser. Es konnte auch nicht abgeschlossen werden. Deshalb wurde die Wanne nur zum Wäschewaschen benutzt. Einmal in der Woche wurde die Banja, die russische Sauna, geheizt.

»Wie haben Sie dort in diesem Zimmer mit Ihrer Familie gelebt?«, fragte ich.

Frau Surikova erzählte mir, dass sie eigentlich kaum da waren. Ihr Mann verdiente als Unteroffizier so wenig Geld, dass sie sich nach einer Arbeit im Regiment umsehen musste. Das sagte sie nicht in einem klagenden Ton. Das Leben in der DDR war für Russen attraktiv. Für das wenige Geld bekam man wenigstens etwas. Frau Surikova konnte in der Stadt einkaufen gehen und die armeeeigenen Magazine hatten teilweise Westwaren. Allerdings mussten sie der Wache sagen, wohin sie gingen und wann sie wiederkämen.

Frau Surikova wurde im Armeehospital auf der Traumastation eingesetzt. Die Arbeitszeit verlief in zwei Schichten von je zwölf Stunden. Die Kinder, sie waren bei der Ankunft im Regiment sieben und neun Jahre alt, hätten sich rasch mit anderen Kindern angefreundet, sie konnten in der Küche und im Korridor spielen. Im Regiment waren sie geschützt. Da hatte Frau Surikova keine Angst. Außerdem gab es für die Kinder Freizeitangebote: Chor, Tanzgruppen, Fußball oder die Bibliothek.

Ich fragte sie, wie sie es geschafft hatte, trotz ihrer langen Arbeitstage auf Station ihre Kinder zu versorgen. Und wie ihr Mann das sah.

Frau Surikova sah mich ungläubig an. Solche Fragen stellte sonst niemand, nicht einmal sie selbst. Das war einfach ihre Aufgabe, sie musste das schaffen. Punkt. Sie kochte ihnen etwas, das sie sich aufwärmen konnten. Tee kochen konnten sie schon allein. Sie legte ihnen abends die sauberen Schuluniformen hin. Die mussten in Ordnung sein.

Die Kinder wurden aus allen Regimentern mit Bussen zur Schule gefahren. Es waren etwa 3000 Kinder.

Die Familie lebte etwa zwei Jahre unter diesen Verhältnissen und konnte dann für vier Jahre in ein anderes Haus ziehen, wo sie zwei Zimmer zur Verfügung hatten.

Wir saßen uns am Tisch gegenüber. Zwischen uns lag das Genogramm. Wir sahen uns an. Frau Surikova war blass. Ich sagte: »Sie sind noch einmal tief in die Erinnerung eingestiegen und ich spüre, wie sie auf Ihnen lastet.«

»Ich möchte wegrennen vor den Problemen! Damals gab es für mich keinen anderen Weg«, sagte Frau Surikova.

»Sie wollten damals die Probleme hinter sich lassen, vor ihnen flüchten, bloß weg aus dieser Situation? Wie gehen Sie jetzt mit der Erinnerung um?«

»Ich gehe am Fluss entlang. Das mache ich immer so, dann kann ich noch einmal über alles nachdenken und dann weht der Wind es fort.«

Da war es wieder, das Familienmuster Flucht und Rettung und die damit entstandene Sehnsucht nach Ruhe. Diese Sehnsucht ist eine Überlebensstrategie und der Motor zur Flucht. Persönliche Traumatisierungen führen zu Kontrollverlust und zum Gefühl absoluter Hilflosigkeit. Diese schrecklichen Gefühle will man nicht spüren.

Mich interessierte, ob die Sehnsucht nach Ruhe auch ein Zugang zu anderen Ressourcen war. Ich fragte sie: »Können Sie sich an etwas erinnern, was Ihnen in der Heimat Ruhe gebracht hat?«

»Ja, wenn wir gebadet haben, dann hat meine Mutter den Bademantel auf den Ofen gelegt und angewärmt, und sie hat mir Brot geröstet und Tee gekocht. Da war mir ganz wohlig.«

»Können Sie diese schönen Sachen heute Abend selber machen? In Erinnerung an die wohltuenden Kräfte, die da drinstecken?«

Ich fragte sie, ob sie sich vorstellen könne, mit mir gemeinsam die alten Kasernen aufzusuchen, in denen sie gelebt hatten. Frau Surikova freute sich über mein Interesse und wir verabredeten einen Termin.

Wir trafen uns an der Straßenbahnhaltestelle und gingen an der Mauer des ehemaligen sowjetischen Regimentareals entlang. Wir guckten durch alle Löcher, Ritzen und in die offenen Fenster der ruinösen Kasernen. Ein Loch im Maschendrahtzaun lud uns ein, hindurchzusteigen. Wir schauten kurz an uns herab. Frau Surikova hatte weiße Absatzstiefel an und eine hellblaue Mütze auf. Ich war etwas unauffälliger und praktischer gekleidet. Dann nutzten wir die Gelegenheit.

Wir gingen durch die Räume, in denen Surikovs zwei Jahre gelebt hatten. Während ich mich etwas gruselte, wirkte Frau Surikova völlig unbeeindruckt. Das hier war für sie »normal«. Sie freute sich, dass sie mir alles zeigen konnte. Kleine Geschichten fielen ihr wieder ein.

Mich ließ das kalte »Pinguin-Haus« innerlich erstarren. Ein dunkelgrauer langer Flur, aus Holz- und Papppresten zusammengeschusterte »Trennwände« in den Zimmern, ein unabschließbares

Klo, irgendwo lagen noch ein paar Teelöffel herum. Ein Ort ohne Würde. Sechs Jahre haben Surikovs in diesem Areal gewohnt. Ich kann ihnen nur meine Ehrfurcht und meinen Respekt aussprechen.

**Was war das Besondere an der Begegnung?**
Die Eltern fühlten sich durch die Biografiearbeit in ihrem Umgang mit Ljuba und ihrem Bruder angeregt. Mit dem Erzählen der eigenen Lebensgeschichte wird der Boden unter den Füßen fester. Das Bewusstsein, eine ureigene Geschichte zu haben, ermöglicht einen Neuanfang. Kenntnisse über die familiären Verhaltensmuster erlauben, in eigener Verantwortung die Zukunft anders zu gestalten.

Ich erinnere ein Gespräch, in dem Herr Surikov feststellte, dass ihr Sohn ein bisschen in Bewegung gekommen sei und er das unterstützen wolle. »Es ist für mich eine neue Erfahrung, um einen Menschen zu kämpfen.«

Das Familienmuster war »Immer wenn Ruhe einkehrt, kommt die nächste Katastrophe« und Ljubas Lösungsvorschlag war, das Unglück nicht zu provozieren. Ljuba sagte: »Ich habe mich sehr gefreut, dass Sie in der Kaserne waren und dass Sie sich dafür interessieren, wie wir gelebt haben. Es war schon komisch als Kind zwischen Soldaten zu leben. Die Oma habe ich vermisst ... wir hatten noch das russische Fernsehen und meine Mutter hat gekocht wie in Batumi.«

Es gab ein weiteres Gespräch mit Herrn und Frau Surikov, in dem sie trotz verbleibender Schuldgefühle den Einsatz des jeweiligen anderen für die Kinder würdigen konnten. Sie fanden Worte, was sie einander bedeuteten, und konnten daraus wieder ein Miteinander finden. Außerdem entdeckten sie eine neue gemeinsame Aufgabe, das Großelternsein.

Die Biografiearbeit war intensiv und vertrauensvoll. Ich hatte vorher nicht bedacht, dass Familien-Erinnerungsarbeit bei Menschen, die im sowjetischen Machtraum sozialisiert worden sind, gewaltige Ängste auslösen kann. Wenn ich an die Verhörpraktiken des sowjetischen Geheimdienstes gedacht hätte, die in jede Familie eingriffen, wäre ich vermutlich zurückhaltender gewesen. Die Methode des KGB bestand in der penetranten, zerstörenden Nachfrage nach Familienbeziehungen. Das war mir während der Genogrammarbeit nicht so bewusst. Umso größer ist das Wunder des Vertrauensvorschusses, den die Familie mir gegeben hat.

Mir wurden meine begrenzten Möglichkeiten deutlich. Angesichts der Urgewalt dieses Schicksals greifen die Eltern Surikov auf Lösungen wie den Wind und den Fluss zurück. Ihre Tochter Ljuba aber entwickelt eine unbändige Wut, der sie mit der Axt Ausdruck verleiht. Ich kann hier vorwegnehmen, dass Ljuba die Frage, wie solch eine unbändige Wut entstehen kann, noch selbst beantworten wird.

**Zu welchen Interventionen hat mich diese Begegnung angeregt?**
Das Genogramm lag in aller Schlichtheit als der Beweis vor uns, dass das Leben immer weitergeht. Daran konnte ich meine Fragen und Surikovs ihre Geschichten knüpfen. Sie konnten ihre eigene Position in einem größeren Zusammenhang neu wahrnehmen. Die unterschiedlichen Perspektiven der einzelnen Familienmitglieder rückten generationsübergreifende Themen ins Licht. Wir konnten mit dieser Arbeit aber auch das Leben und die Leistung jedes Einzelnen würdigen.

Ich begriff, dass ich familiäre Geschichte auch in historischen Zusammenhängen verstehen muss. Zu der erwähnten sowjetischen Vergangenheit gehörte auch die Frage nach der nationalen Identität. Ich kann kaum ermessen, unter welchen Einflüssen die Familie stand, bevor sie professionelle Hilfe in Anspruch nahm. Auch Angehörige brauchen Sicherheit in der Beziehung, um vertrauen zu können. Welche Bilder von russischer Psychiatrie haben sie? Das weiß ich nicht. Aber wenn die Eltern sich sicher fühlen und die erwachsenen Kinder loslassen können, wird das Auswirkungen auf diese haben. Durch

Ljubas Einzug in die Sozialtherapeutische Wohneinrichtung ist Ruhe eingetreten.

Zur Ruhe gehört, dass auch die Angehörigen eine Zielvorstellung entwickeln dürfen. Einer meiner oft wiederholten Sätze lautet: »Es ist leichter, auf eine Vision hinzuleben, als von einem klebrigen Problem loszukommen!« Ich arbeite mit systemisch*-zirkulären Fragestellungen: Was glauben Sie, was Ihr Mann oder Ihre Frau denkt, wenn Sie jetzt das oder das machen? Ich frage, was sie in der Vergangenheit schon mal versucht haben und was ihnen gutgetan hat. Dann kommen Antworten wie z. B. der angewärmte Bademantel, das geröstete Brot der Mutter. Am Ende stehen die Fragen: Wenn Sie loslassen, was passiert dann mit Ihnen? Welche Vorstellungen haben Sie für Ihre Zukunft und wie realistisch sind die?

Angehörige leiden genauso wie ihre psychisch erkrankten Kinder oder Eltern. Ich behaupte sogar, dass sie noch mehr leiden. Sie haben oft furchtbare Schuldgefühle, sind meist abgrundtief erschöpft und haben das eigene Leben fast vergessen. Das gilt es erst einmal wahrzunehmen und diese Leistung zu würdigen.

Ich versuche an Erfahrungen anzuknüpfen, wo das Leben leichter war. Was haben sie da für sich getan? Ich ermutige sie, das doch wieder einmal zu versuchen. Herr Surikov fragte ich, ob er nicht wieder sein Gitarre hervorholen und die alten Lieder spielen wolle, die er und seine Frau am Strand von Batumi gesungen hatten.

**Was ist davon heute übrig geblieben?**
Es sind trotz der intensiven Arbeit mit Ljuba und ihren Eltern viele Fragen offengeblieben. Ich spüre dieses in der Psychiatrie so vertraute Gefühl, nie fertig zu werden. So mag es Familien auf der Flucht auch gehen. Immer wieder müssen sie neu anfangen, immer wieder sich und ihre Erinnerungen zusammensuchen.

Ich denke, dass die Familie zu ihren Wurzeln gefunden hat und diese auch als ihren einzigartigen Schatz wertschätzen kann.

**Welche Herausforderung lag in dieser Begleitung?**
Als ich in die Biografiearbeit einstieg, wurde sehr schnell deutlich, dass die Surikovs kaum Menschen hatten, mit denen sie über ihre Probleme hätten sprechen können. Es öffnete sich ein tiefer Problemschlund. Sein Inhalt war unüberschaubar.

Die Herausforderung lag in der Abgrenzung und Beschränkung auf diese eine Thematik: die eigene Identität zu entdecken, sich in der eigenen Familiengeschichte zu verankern und in ihr Sicherheit und Ruhe zu finden.

Alle anderen Themen wie Sucht und Co-Abhängigkeit, Schuld und Schuldgefühle, Familiengeheimnisse und Tabus sowie die Kommunikation und Wiederbelebung der gegenseitigen Aufmerksamkeit auf der Paarebene sind an andere professionelle Stellen zu delegieren.

**Welche Bilder habe ich mitgenommen?**
**Welche Sätze sind geblieben?**
In Frau Surikovas Familie wurde sichtbar, dass Flucht eine Lösungsstrategie in einer ausweglos erscheinenden Situation war. Beide Frauen, Eudokia und ihre Tochter, Frau Surikova, hatten entschieden, die Heimat bzw. das Armeegelände zu verlassen. Die Männer arbeiteten auswärts und waren in der Familie kaum präsent.

Herr Surikov ist vom sowjetisch-russischen Patriotismus geprägt. »Held des Vaterlandes« zu sein war höchstes Lebensziel. Die engen Strukturen des Militärs gaben ihm Orientierung und Halt.

In beiden Familien sind Traumatisierungen durch Flucht- und Kriegserleben anzunehmen, die über die Grenzen der betroffenen Generationen wirken. Offenbar wurden auch im aktuellen Familiensystem traumatische Erfahrungen gemacht.

Mir sind die letzten heilsamen Bilder vom Besuch bei Ljuba in der Sozialtherapeutischen Wohneinrichtung geblieben. Wie wohltuend sie die Gemeinschaft mit den anderen empfand. Für die anderen gut und selbst nicht mehr einsam zu sein, wie sie es nannte. Das gab ihr die Freiheit, »ein bisschen Verrücktes zu machen – ich gehe immer mit meiner Quietscheente in die Badewanne!«.

**Was haben Ljuba und ihre Familie mir Neues vom Leben gezeigt?**
Ich bin in eine multikulturelle Familiengeschichte eingestiegen. Als die Neugierde erwacht war, begann ich mir ein Bild von der Westukraine zu machen und über ihre wechselhafte Geschichte zu lesen. Das war für mich eine Horizonterweiterung.

Es gibt eine Unklarheit bezüglich der nationalen Identität, die vermutlich das Schicksal der Familie weiter belastet. Meine Frage, ob Frau Surikova sich als Polin oder Ukrainerin fühle, beunruhigte sie. Sie lag auf der Linie der erfahrenen sowjetischen Propaganda. Als Sowjetbürgerin musste sie immer darauf bedacht sein, ihre nationale Identität zu verstecken.

Die beruhigendere Frage wäre die nach der Sprache der galizischen Lieder gewesen. Dann wäre Heimatsprache zum Thema geworden und wir hätten an heilende Zeiten anknüpfen können. Die Frage nach der nationalen Identität hatte sich für Frau Surikova, die erst Polin, dann Ukrainerin, dann Russin war und nun Deutsche ist, erschöpft. Was sie braucht und sucht, ist Ruhe. Jemand muss verrückt werden, wenn er verrückt gemacht wird. Dafür gibt es auch gesellschaftliche Ursachen.

Ebenso habe ich mir vor Augen geführt, wie die Erziehung zum Patriotismus unter dem Sowjetregime das Leben einer russischen Familie bestimmte. Menschen sollten zu kommunistischen Persönlichkeiten »geformt« werden. Die Mutter von Herrn Surikov fälschte die Geburtsurkunde, um für die Sowjetunion in den Krieg zu ziehen. Sein Bruder meldete sich freiwillig für den Afghanistankrieg. Trauma und Versuche der Bewältigung durch verschiedene Formen der Sucht sind die Folgen. Jeder versucht, der sowjetischen Heimat ein Held zu sein und seine Machthaber zu befrieden.

**Was sagen Ljuba und Frau Surikova zu meiner Geschichte?**
Ljuba saß mir mit zusammengekniffenen Augen gegenüber. Ich kannte diesen Blick von ihr nicht. Da ich nicht einschätzen konnte, was er bedeutete, wartete ich ab. Plötzlich sagte sie unvermittelt: »Ich hab meine Brille vergessen! Meine Mutter hat mir erzählt, dass Sie eine Geschichte über mich geschrieben haben, und darum kommen Sie.«

Ich erzählte von meiner Geschichte über ihre Familie und wie ich sie aufgebaut hatte. Ich fragte sie, ob ich ihr die Textstellen vorlesen dürfe, die sie persönlich beträfen. Sie stimmte zu, aber zuvor wolle sie mir von ihren Stimmen berichten, die all ihre vernünftigen Gedanken zu zerstören suchen und ihr die Energie rauben. Sie versuche mit der ganzen Kraft ihres Geistes dagegenzuhalten, aber manchmal müsse sie aggressiv werden und sie anschreien, damit die mal einen Augenblick Ruhe geben.

»Jetzt können Sie mir vorlesen, was Sie geschrieben haben.«

Ich las die Textstellen, die Ljuba betrafen. Sie hörte aufmerksam zu.

»Wissen Sie, warum ich solche Wut hatte?« Und dann brach es aus ihr heraus: »In Batumi hatten wir die Wohnung verloren und saßen auf der Straße. Da war ich noch ganz klein. Die andere Wohnung, nicht weit vom Meer, hatte eine Eisentür, in der ich mir furchtbar die Finger klemmte. Dann sind wir nach Deutschland gekommen, und ich habe meine Oma nie mehr wiedergesehen. Ich war eingeschlossen im Zimmer in der Kaserne. Ich habe auf ein Blatt Papier geschissen und das zum Fenster rausgeschmissen, weil ich nicht aufs Klo konnte. Wir waren auch im Regiment eingeschlossen und konnten nur zwischen den Soldaten spielen. Dann kam ich von einem Tag zum anderen in die deutsche Schule. Ich kannte niemanden und verstand kein Wort Deutsch. Sie haben mir Drogen verpasst und mich vergewaltigt. Ich war schwanger und das Kind wurde abgetrieben. Darum war ich so wütend!«

Ljuba sah mich an. Ich hatte den Eindruck, dass sie sich entspannte.

»Soll ich Ihnen mal erzählen, wie mein Leben war?«, fragte sie unvermittelt und erzählte in klarer Diktion von ihrer Jugend. Ljuba hatte eine völlig andere Wahrnehmung als ihre Eltern. Wurde auch hier ein Muster weitergereicht? Konnte es eine Art emotionaler Vernachlässigung sein?

Ljuba brach ab. »Und jetzt soll ich der Mittelpunkt der Welt sein. Die Amis sagen, ich soll das Paradies auf Erden wiederherstellen. Die Russen sagen: ›Wir wissen alles über dich und beobachten dich die ganze Zeit‹, und die Deutschen sagen: ›Du musst entscheiden, was gut für dich ist und was nicht.‹ Aber ich bin krank. Ich schaffe das nicht. Wenn ich fernsehe, dann bin ich in allen Personen drin, die im Fernseher sind. Die essen, obwohl ich gar keinen Hunger hab. Ich habe keine Ahnung, wie die das machen. Ich muss dann weggehen, damit das aufhört.«

Dann schaute sie mich direkt an: »Wissen Sie, ich würde meine Geschichte ganz anders schreiben, aber Sie können sie veröffentlichen.«

Ljubas Mutter, Frau Surikova, traf ich noch zweimal. Sie war neugierig, was ich geschrieben hatte, und stolz, dass ich ihre Geschichte ausgewählt hatte.

Nach dem Lesen sagte sie: »Ich spürte einen Kloß in meinem Hals, als die Erinnerung an meine Mutter und meine Familie mir wieder vor Augen stand. Mir wurde klar, wie endgültig der Abschied war.«

Frau Surikova erzählte mir aber auch, dass sie ihre Schwester wiedergefunden hatte und dass sie sich in Batumi treffen wollten.

Die Erinnerung an Ljubas Kindheit bewegte sie: »Ich bekam Bauchschmerzen, weil mir bewusst wurde, wie einsam Ljuba gewesen sein muss, als sie in die deutsche Schule kam und kein Wort Deutsch konnte.«

Frau Surikova legte die Seiten mit der Geschichte vor sich auf den Tisch: »Wenn jemand aus unserer Geschichte etwas lernen kann, dann ist es gut.«

## »Können Sie mich begleiten, meine Kinder loszulassen?«
Frau Hansen

Frau Hansen rief an und bat um eine Angehörigenberatung. Eine Psychiaterin hatte uns empfohlen. Wir vereinbarten einen Termin.

Frau Hansen berichtete von ihrer familiären und sozialen Situation. Sie habe zwei fast erwachsene Kinder, Gerda und Ole, sei geschieden und beruflich selbstständig. Gerda, ihr erstes Kind, sei sehr schwierig gewesen, sodass sie ihm viel Zeit und Zuwendung widmete. Als Ole in der Pubertät an einer Psychose erkrankte, war ihr klar, dass ihr Zweitgeborener in der Kindheit zu kurz gekommen war.

Die neu entstandene Situation erforderte, dass jetzt Ole intensiv von ihr betreut wurde. Frau Hansen setzte sich mit dem Krankheitsbild auseinander, besuchte Tagungen und Angehörigenseminare. Sie nahm auch an einer Angehörigengruppe teil, war in Kontakt mit den behandelnden Ärzten und hatte sich erfolgreich um einen Sozialtherapeuten bemüht. Ole war mehrmals in der Klinik gewesen und nun gut medikamentös eingestellt. Frau Hansen begleitete ihn durch die Höhen und Tiefen seiner psychischen Störung, bis eine gewisse Stabilität einsetzte. Diese Erfahrungen hatten Frau Hansen sensibilisiert, rechtzeitig zu intervenieren, um eine erneute »Episode« zu verhindern.

Gerda war unterdessen ausgezogen. Ole lebte weiterhin bei Frau Hansen. »Ich bin für beide das Basislager«, erklärte sie ihr mütterliches Selbstverständnis. Sie hatte viel erreicht, wie ich zu Beginn unserer Beratungsgespräche erfuhr. Zu Recht war sie auf das Erreichte stolz: Beide hatten die Schule und eine Berufsausbildung geschafft. Sie hatten einen Freundeskreis und konnten einem Hobby nachgehen. Nun kam die Zeit, so hoffte sie, wo sie nicht mehr so oft gebraucht wurde. »Können Sie mich begleiten, meine Kinder loszulassen?«, fragte sie.

Ich lud Frau Hansen ein, das bisher Erlebte und die von ihr erträumte Zukunft zu visualisieren. Wir legten mit einem farbigen Seil eine Ellipse auf den Boden und unterteilten diese horizontal mit einem weiteren Seil in zwei Hälften. »Diese Linie trennt die Zukunft von der Vergangenheit«, erklärte ich. Als Nächstes teilten wir die Ellipse vertikal durch eine rote Zickzacklinie. »Diese Linie symbolisiert die Störung.« Damit waren vier Felder entstanden, zwei in der Vergangenheit und zwei in der Zukunft.

In der Vergangenheit gab es nun das Feld der Problemdarstellung und das Feld der bisherigen Problembewältigungsversuche. Ihre Probleme beschrieb sie so: »Ich bin mit den beiden wie verheiratet!« Ihre bisherigen Unterstützungsmaßnahmen fasste sie mit einem Bild zusammen: »Ich schiebe sie bis auf die Spitze des Berges und dann müssen sie was draus machen. Das ist dann ihr Job!«

Ich fragte sie, wo sie sich auf der Skala von 0 bis 10 aktuell in der Ablösung von ihren Kindern befinde? Frau Hansen fühlte sich bei 4.

»Und wenn Ihre Ablösung gelungen sein wird, wo befinden Sie sich dann?« Wir waren nun schon in der Zukunft, so wie sie sich Frau Hansen vorstellte.

»Bei 8! Dann beantworte ich nur noch ihre Fragen, gebe Hilfe nach Anforderung und habe meine mütterliche Fürsorge weitgehend unter Kontrolle.« Mit einem Lächeln gab Frau Hansen zu, dass sie allerdings sehr kreativ sei, was die mütterliche Fürsorge beträfe, und es immer noch schaffe, den Kindern einen warmen Pullover unterzujubeln, den sie schon dreimal abgelehnt hatten. Ich schrieb alles auf bunte Zettel und legte sie in die entsprechenden Felder.

»Angenommen, Frau Hansen, Ihre Kinder werden sich weiter gut entwickeln und von deren Seite geht der Ablösungsprozess gut voran, was wird dann aus Ihnen werden?«, versuchte ich weiter, ihre Lösungsvorstellungen anzuregen.

»Wenn ich sorgenfrei bin, dann habe ich mehr Freiräume und könnte mir eigene Wünsche erfüllen.« Frau Hansen fiel ein, wie gut es täte, mal wieder durchzuschlafen und ihrem Körper etwas Gutes zu tun.

»Woran werden Ihre erwachsenen Kinder merken, dass die Mutter den Absprung auch gut schafft?«

»Ich engagiere mich weniger.«

»Und was wollen Sie stattdessen tun?«, hakte ich nach.

»Wenns gut läuft, dann könnte ich lockerer sein!«

»Und wie kann ich mir Sie vorstellen, wenn Sie lockerer sind?«

»Dann kann ich mit Freundinnen etwas unternehmen, ohne immerfort an die Kinder zu denken.« Frau Hansen verweilte noch ein bisschen beim Lösungsbild und hatte noch ein paar schöne Ideen für sich. Die lagen allerdings ganz untendrunter. Zuoberst war ihr Ablösungsbild von der weiteren Beziehung zu den erwachsenen Kindern bestimmt. In einer Krisensituation wäre sie natürlich immer da.

Ich nahm noch mal das Bild vom Anfang auf: »Wenn Sie Ihre großen Kinder den steilen Berg hinaufschieben, gibt es da eigentlich nur diesen einen Weg? Oder gibt es vielleicht auch andere Wege, die sich mit weniger Kraft bewältigen lassen und auf denen die Gefahr des Zurückrutschens nicht so groß ist?«

Frau Hansen war erstaunt. Darüber hatte sie noch nicht nachgedacht.

Wir wandten uns wieder der Vergangenheit zu, betrachteten aber dieses Mal nicht die Probleme, sondern die Lösungsversuche. Ich fragte: »Was haben Sie selber schon alles probiert? Was hat geholfen und was war weniger hilfreich?«

Hier kamen Frau Hansens zahlreiche kreative Ideen zum Tragen. Eine davon war, den jungen Leuten und ihren Freunden durch ihre gute Küche die Freundschaftspflege schmackhaft zu machen. Menschliche Kontakte, Singen und Yoga gönnt sie sich als eigene Belohnungen. In der Bewältigung von Krisen ist sie inzwischen erfahren und erkennt, wann sie intervenieren muss, um Ole Krankenhausaufenthalte zu ersparen. Wenig hilfreich erlebte Frau Hansen ihre Versuche, die Familie des Vaters ihrer Kinder und den Vater selbst einzubeziehen.

Wir widmeten uns wieder der Zukunft. Nun betrachteten wir die Risiken und Nebenwirkungen, die den Ablösungsprozess behindern könnten. Frau Hansen sagte ernst: »Wenn Gerda und Ole es nicht schaffen, für sich zu sorgen, dann muss ich das weiter tun. Ich weiß noch nicht, wo die Grenzen der Ablösung sind.«

Nach dieser Stunde nahm Frau Hansen das Bild von der Bergtour und den unterschiedlichen Wegen als Anregung mit. »Vielleicht wollen die Kinder ja ganz andere Wege gehen«, sagte sie. Es sei gut und neu, sich getrennt von den Kindern zu sehen.

Bei unserem nächsten Treffen erzählte Frau Hansen, dass Ole zu einer Weiterbildung gefahren war. Er habe allerdings schon am nächsten Tag angerufen, dass alles ganz furchtbar sei und sie ihn abholen solle. Frau Hansen berichtete, wie sie mit sich kämpfte. Dann schlug sie ihm vor, noch zwei Tage durchzuhalten. Wenn es dann immer noch so schrecklich sei, würde sie ihn abholen. Sie brauchte ihn gar nicht abzuholen, weil Ole unterdessen Feuer fing und die Weiterbildung super fand.

Ich beglückwünschte Frau Hansen zu diesem Erfolg.

Bei Oles nächster Krise beschloss Frau Hansen, auf ein schon lange geplantes Wochenende mit Freundinnen zu verzichten, auf das sie sich sehr gefreut hatte. Das war für sie keine Frage, in der Krise musste sie einfach da sein. Das traute sie niemandem sonst zu. Aber da stieg eine alte Wut in ihr auf und eine alte Verletzung begann aufzubrechen. Sie wollte, dass auch der Vater sich um seine Kinder kümmerte. Sie zeigte sich verärgert, dass seine Familie sie mit diesen beiden Problemkindern allein ließ.

Ich war etwas erstaunt und entschuldigte mich schon im Voraus für meine nächste Frage: »Entschuldigen Sie bitte, aber ich bin etwas irritiert. Ich kenne das so nicht. Ist das bei Ihnen nicht üblich, dass die erwachsenen Kinder sich selbst um den Kontakt mit dem anderen Elternteil kümmern?«

Frau Hansen wollte darüber nachdenken. Immerhin fühlte sie sich besser, seit sie den Frust mit ihrem Exmann angesprochen hatte.

In der nächsten Stunde wünschte sie sich, über Oles Zukunftsplanung zu sprechen. Sie war unsicher, wie stark sie sich in den Entscheidungsprozess einmischen oder ihn gar lenken sollte. Ihre Meinung war: Ole sei so stabil wie noch nie und könne doch jetzt mit einer weiterführenden Ausbildung anfangen. Außerdem stehe sein Umzug in eine WG in nächster Zeit an. Ole hatte aber andere Pläne. Ole wollte auf Reisen gehen.

Ich schlug vor, die aktuelle Situation in ein Bild zu setzen. Dazu bot ich Frau Hansen unterschiedliches Material an. Zuerst entstand aus ihren Gedanken zur »Stabilität« ein Rahmen, in dem die Sicherheit der mütterlichen Wohnung, die Versorgung und das bewährte Krisenmanagement Platz fanden. Auch die finanzielle Unterstützung durch den Vater gehörte hinein. Daraus führte ein Weg, auf dem Ole stand. Ein Zeichen auf diesem Weg symbolisierte den Umzug, eins die Ausbildung und eins das Reisen.

Ich bat Frau Hansen, Ole gedanklich auf dem Wege zu begleiten. »Welche Assoziationen steigen in Ihnen auf?« Frau Hansen bemerkte, dass die Verbindung zum »Basislager« ja nicht abgerissen sei. Er könne dahin zurück, wenn er Unterstützung brauche. Sie konnte sehen, dass die Anforderungen nicht geballt beieinander lagen, sondern eine nach der anderen auf ihn zukamen. Trotzdem konnte sich Frau Hansen nicht entspannen.

Ich fragte sie, was sie gemacht habe, als sie so alt gewesen war wie Ole. »Ich war sehr krank, völlig aus jeder Struktur gefallen und sehr suizidgefährdet. Das war eine Erfahrung von großer Einsamkeit.«

»Können Sie für diese Erfahrung und Ihre jetzige Angst noch ein Symbol suchen?« Jetzt war es ausgesprochen, dass ein Dämon über der Geschichte schwebte und Frau Hansen zum Handeln antrieb. Es war die Angst, dass Ole erneut erkrankte und dann allein wäre.

Frau Hansen hatte durch diese entstandene Skulptur eine andere Übersicht. Das fand sie gut. »Ich würde mir wünschen, so eine Arbeit auch mal gemeinsam mit Ole zu erleben.«

»Fragen Sie ihn mal, ob ihn das interessiert und mit welcher Fragestellung er so eine Skulptur bauen würde.«

Vier Wochen später lernte ich Ole kennen. Er wirkte stabil und souverän, sah mich aus einem jugendlich-offenen Gesicht direkt an.

Frau Hansen hatte ihm den Vorschlag gemacht, noch mal auf die vergangenen guten Monate zu sehen und herauszuarbeiten, was sich davon auch in Zukunft nutzen ließe. Ich bat meine Kollegin, mir als »Reflektierendes Team« zur Seite zu stehen.

Nachdem wir uns vorgestellt hatten, fragte ich den jungen Mann, was sein Anliegen sein könnte. Ole sagte: »Ich suche eigentlich einen Psychotherapeuten!« Damit konnte ich ihm schnell dienen: »In unserer Dienststelle arbeitet eine Psychologin. Wir können Ihnen den Kontakt zu ihr vermitteln, und Sie können gemeinsam nach einem geeigneten Therapeuten suchen. Bis Sie einen Therapieplatz gefunden haben, könnten Sie die Zeit mit ihrer Begleitung überbrücken.« Ich schrieb Ole Namen und Telefonnummer auf.

Dann besprachen wir das Anliegen der Mutter. Ich machte Ole den Vorschlag, mit einem meiner bunten Seile einen Lebensfluss zu legen und uns einen festgelegten Zeitraum seines Lebens gemeinsam anzusehen. Die dazugehörige Frage war: Was hatte ihm geholfen, die Zeit so gut zu bewältigen? Ole war einverstanden. Die zweite Frage ging an Frau Hansen: Mit welchen Ressourcen hatte sie Ole begleitet?

Ole legte seinen Fluss. Es gab ein paar Mäander und auch gerade Strecken. Den Fluss seiner Mutter legte er gleich daneben, er war schnurgerade. Wir legten die Fließrichtung fest, wo die Gegenwart war und welchen Teil seines Lebens er unter die Lupe nehmen wollte. Dann begann die Arbeit: Erinnerungen an Situationen lebten auf. Alles wurde auf bunte Zettel geschrieben und an den Fluss zum jeweiligen Ereignis gelegt. Manche Dinge begleiteten Ole stabil über die ganze Zeit, sein Engagement in einer Band, ein Freund und die Unterstützung des Vaters. Ole war entspannt und klar.

Frau Hansen legte ihre Ressourcen an ihr Flussufer. Bei der Betrachtung der Arbeit fiel Frau Hansen auf, dass sie auf der Ressourcenseite ihres Sohnes gar nicht vorkam. Das irritierte sie einen Augenblick. »Meine Hilfe ist wahrscheinlich so selbstverständlich, dass sie gar keiner Erwähnung bedarf«, fasste sie dann ihre Überlegungen zusammen.

An diesem Punkt bat ich beide, sich zurückzulehnen und zuzuhören, was meine Kollegin beobachtet hatte. »Herr Hansen wirkt schon sehr abgenabelt«, fasste ich ihr Statement zusammen. Als ich Ole fragte, was ihm an der Rückmeldung wichtig sei, sagte er: »Abnabeln klingt gut!« Ich bat ihn, seine Ressourcen einzusammeln und mit ihnen ein paar Schritte in die Zukunft zu gehen. »Sie haben wirklich einen ganzen Sack voll guter Erfahrungen. Könnten die Ihnen in der Zukunft auch nutzen?« Ole stand sehr zufrieden ein paar Schritt »flussabwärts«.

Ich nahm wahr, dass Frau Hansen währenddessen immer unruhiger wurde. Sie fühlte sich durch die Erinnerung an die schweren Zeiten mit Ole schlecht. Während Ole auf dem Weg in die Zukunft war, hing Frau Hansen noch am Schrecken der durchlebten Krisen fest.

Frau Hansen hatte zunächst Mühe zu akzeptieren, dass Ole schon einen Schritt weiter war. Die Rückmeldung meiner Kollegin und von mir, wie stabil er auf uns wirkte, beruhigten sie aber immerhin ein bisschen und gestatteten ihr, langsam Stück für Stück loszulassen.

Inzwischen ist Ole in eine WG gezogen und hat mit einer neuen Ausbildung begonnen. Es gibt immer mal Krisen, die für Frau Hansen eine starke Signalwirkung haben. Jedoch unterm Strich resümiert sie: »Ich bin mir sicher, dass Ole immer gerade das macht, was er im Augenblick als das für ihn Richtige empfindet, und damit kann ich leben.«

**Was ist das Besondere an der Begegnung?**

Das Besondere an der Begegnung ist, dass Frau Hansen immer eine Präsenz von 100 Prozent zeigte. Nur selten hörte ich Halbsätze wie: »Wenn meine Kraft nachlässt ...« Erschöpfung und Ausgebranntsein gehören nicht zu ihren Themen. Wenn Frau Hansen in meine Sprechstunde kommt, treffe ich stets auf eine zugewandte Frau mit hochgekrempelten Ärmeln, lebhaft, freundlich, zu bewundern. Nie würde sie ihren Kindern etwas übel nehmen. Selbst Beleidigungen oder anderweitige Kränkungen steckt sie weg.

Frau Hansen hat auch Sehnsucht nach einem eigenen Leben, jedoch scheint es mir, als müsse sie zuvor noch einige Aufgaben lösen. Für sie ist nie die Frage, ob sie das noch schafft, sondern immer, ob die erwachsenen Kinder das schon schaffen, etwa aufzustehen, wenn der Wecker klingelt. Unermüdlich scheint sie alles Mögliche abzusichern, um selbst sicher zu sein, alles für die beiden getan zu haben. »Wie kann ich nur die Gerda überzeugen, eine Therapie zu machen?«

Wir haben bisher keinen Abschluss gefunden. Was will Frau Hansen noch erreichen? Wann ist ein Ablösungsprozess zu Ende?

**Zu welchen Interventionen hat mich diese Begegnung angeregt?**
Als ich Frau Hansen am Tisch gegenübersaß und hörte, auf welchen psychiatrischen Bühnen sie sich bewegte, stellte ich mir innerlich die Frage: »Was wollen Sie von mir noch lernen?« Jedoch wurde meine Aufmerksamkeit durch die Art ihres Vortrags schnell in eine andere Richtung gelenkt. Es war mein Bedürfnis nach Struktur und Grenzen. Das speicherte ich erst mal unter »Weiter beobachten« ab.

Frau Hansen schilderte ihre Situation sehr ausführlich. Ich aber wusste, nach 30 Minuten ist es mit meiner Konzentration dahin. Deshalb habe ich Strategien entwickelt, die mir weitgehend meine Präsenz erhalten. Damit mir nichts an Informationen verloren geht, setze ich strukturierende Methoden ein. Bewährt hat sich z.B. das Vier-Felder-Modell. Es entstand eine Skulptur, an der Frau Hansen mitwirken konnte und die mir half, wieder zum Auftrag zurückzukehren. Damit konnten wir uns gut bewegen. Fragen wie »Welche Unterstützung war bisher die wertvollste?« oder »Was war besonders schwierig und wie haben Sie es geschafft, durchzuhalten?« luden zu längeren Ausführungen ein. Das Bild verhinderte, dass wir uns darin verloren. Skulptur- und Lebensflussarbeiten gehören zu meinen Lieblingsmethoden. Worte sind schnell verflogen, oft anders verstanden als gemeint. Eine Skulptur steht erst einmal da. Sie lässt sich ansehen, anfassen, man kann auch etwas verändern oder ausprobieren. Sie ist eine Orientierung für den Auftrag. Auf jeden Fall regt eine Skulptur an. Frau Hansen konnte plötzlich viel mehr erkennen. Das tat ihr gut. Manchmal fotografiere ich das Bild zum Mitnehmen als Anker.

Die Arbeit am Lebensfluss lud ein, nach den Ressourcen zu suchen, die schon mal funktioniert hatten. Was einmal geholfen hat, hilft oft auch ein weiteres Mal. Also mehr davon!

Wenn ich den Eindruck hatte, wir saßen ein bisschen ratlos herum und es zeigte sich keine Richtung für den nächsten Schritt, fand ich es immer sehr hilfreich, in eine Außenperspektive zu gehen. Ich bat Frau Hansen aufzustehen und entfernte mich mit ihr ein Stück vom Tisch. »Stellen Sie sich mal vor, Frau Hansen, Sie sind jetzt in der Rolle Ihrer besten Freundin und sehen aus dieser Perspektive auf das Gespräch. Was glauben Sie, würde Ihre Freundin sagen, was Sie jetzt am nötigsten brauchen?«

Aus ähnlichen Gründen liebe ich das Reflektierende Team. Es befindet sich außerhalb des Beratungssystems und hat zunächst nur eine beobachtende Funktion. Hier wurde die Kollegin anschließend gefragt, wie sie den Ablösungsprozess von außen wahrnahm, wurden Assoziationen, Ideen, Wahrnehmungen wertschätzend für alle Anwesenden ausgesprochen. Frau Hansen und Ole lehnten sich zurück und hörten zu. Danach wurden beide gefragt, was sie vom Gehörten inspirierte. Nur das war für den Augenblick von Bedeutung.

Eine geplante Genogrammarbeit kam nicht zustande. Frau Hansen war so vereinnahmt vom Geschehen in der Familie ihres Exmannes, dass es nicht möglich war, ihren Blick in die eigene Familiengeschichte zu lenken. Ich wollte es nicht erzwingen. Offensichtlich war es noch nicht dran.

**Was ist davon heute übrig geblieben?**
Ich kann im Augenblick ein Hauptthema sehen. Für mich ist es dieser »Angstdämon«, der suggeriert: »Wenn du loslässt und die Kontrolle aufgibst, dann passiert etwas Schlimmes!«

Viele andere Themen sind angeschnitten, wie die eigene Einsamkeit, die Reize des Gebrauchtwerdens, die Selbstfürsorge.

**Welche Herausforderung lag in dieser Begleitung?**
Die Herausforderung dieses klassischen Angehörigenthemas war, vom Klischee wegzugehen und nicht zu sagen: »Nun lassen Sie doch mal los! Lösen Sie sich doch einfach von den erwachsenen Kindern und leben Sie wieder Ihr eigenes Leben!«

Stattdessen ließ ich mich auf einen längeren Prozess mit Frau Hansen ein. Die erwachsenen Kinder verfolgten ihren eigenen Ablösungsprozess.

Ich sah drei Aufgaben für Frau Hansen:

1. Sich getrennt von den erwachsenen Kindern zu sehen.

Ich ermunterte Frau Hansen zum Innehalten bei jedem einzelnen Schritt. Beispiel: Ole ist in die WG gezogen. Was ist jetzt mit ihr? Was geschieht mit dem Freiraum? Was tut sie da für sich? Ganz konkret!

2. Das eigene Leben wieder wichtig finden.

Frau Hansen hat sich eine neue Arbeit gesucht und ihre Selbstständigkeit aufgegeben. Damit hat sie eine neue Herausforderung gefunden.

3. Die Grenzen der erwachsenen Kinder und die eigenen Grenzen respektieren.

Wie kann Frau Hansen sich zurückhalten, in jeder »Krise« ihrer Kinder einzuspringen? Wie wird sie ihren Kindern deutlich machen, dass sie nicht mehr einspringen wird? Wie kann sie verzichten, ihnen ihre Ideen unterzujubeln? Wie kann sie auf Beleidigungen so reagieren, dass es zur Abgrenzung kommt?

Im Moment ist dieser letzte Schritt für sie noch nicht vorstellbar. Es bleibt spannend, wie sich der Prozess weiter gestalten wird. Die Arbeit ist zu vergleichen mit dem Fädeln einer Perlenschnur, Perle um Perle. Innehalten. Wie ist es jetzt? Wahrnehmen. Weiter.

Es ist gut, wenn der Prozess Pausen hat und zeitlich begrenzt wird. Der Genuss des Nachklangs einer Beratungszeit ist von großer Wichtigkeit. Mit Fragen wie »Was hat es Ihnen bis jetzt gebracht? Was ist Ihnen noch wichtig?« lässt sich eine Prioritätenliste erstellen.

**Welche Bilder habe ich mitgenommen?**
**Welche Sätze sind geblieben?**

Das Bergbild war kraftvoll und ehrgeizig. Nur eine Bärenmutter schafft das, ihre Kinder einen Berg hochzuschieben. Aber was tut man eigentlich, wenn man auf der Spitze ist? Man schaut in die Weite und dann wandert man wieder abwärts zu dem Ziel, das man vielleicht von oben gesehen hat. Das erfordert eine klare Sicht. Fragt sich, ob die erwachsenen Kinder überhaupt auf den Berg wollen oder sich selbst ihre Landschaft aussuchen.

Ich nehme auch diese Sätze mit:

»Wie das in der WG aussieht, das kratzt mich nicht!«

»Gerda und Ole haben mit ihrer Band ein tolles Konzert gegeben!«

»Ich bin mir sicher, dass Ole immer gerade das macht, was er im Augenblick als das für ihn Richtige empfindet. Damit kann ich leben.«

Sie zeigen, wo Frau Hansen im Prozess steht.

**Was hat Frau Hansen mir Neues vom Leben gezeigt?**

Frau Hansen hat mir nichts Neues gezeigt. Auch das passiert. Loslassen ist Schwerarbeit, Neulandgewinnung ebenso. Wer kennt das nicht?

**Was sagt Frau Hansen zu meiner Geschichte?**

»Die Beratungszeit ist für mich spannend. Ich erlebe zwei Ebenen. Einmal bin ich mit Ihnen im Gespräch und zum anderen verfolge ich, wie Sie mich durch das Gespräch führen, welche Fragen Sie stellen oder welche Methode Sie einsetzen. Wenn ich dann wieder bei meiner Arbeit bin, kann ich alles gut nachklingen lassen. Das tut mir gut.

Ich habe viel Angst, dass, wenn ich nicht ständig agiere und helfe, die Katastrophe ausbricht. Das Reflektieren hilft mir, meine Unsicherheit zu überwinden. Es hilft mir, falsche Wege zu vermeiden.

Die Erfahrung, wie nah Krisen und Abstürze am vermeintlich normalen Leben liegen, hat mich sehr wachsam gemacht.

Meine eigene Erkrankung, die im Text anklingt, ist nicht mehr Bestandteil meiner jetzigen Person. Aus dieser Erfahrung habe ich eine große Kraft gewonnen, die mich stark gemacht hat und mir hilft, meine Kinder zu unterstützen.«

## »Ich möchte so gern noch raus aus meinem dunklen Tunnel, raus ins Licht«
Frau Rosenbaum

Ich saß an meinem Schreibtisch und hielt Frau Rosenbaums Akte zur Vorbereitung und Durchführung der Wiedereingliederung nach Haftentlassung in der Hand. Das Auffinden der Akte grenzte an ein Wunder, denn nach Aussage der Archivarin lag die Akte auf einem unsortierten Haufen. 18 Seiten DDR-Handhabungen mit vielen amtlichen Stempeln, einem Gerichtsurteil von 1988 und verschiedenen behördlichen Anweisungen.

Wessen wurde sie beschuldigt?

Trotz aller Bemühungen der staatlichen Organe sei sie wiederholt rückfällig geworden und habe an ihrem asozialen Verhalten festgehalten. Damit gefährde sie die »öffentliche Ordnung und Sicherheit«. Dem folgte eine vierseitige Urteilsbegründung und die Einstufung als »kriminell gefährdeter Bürger«. Eine detaillierte Aufzählung aller Vergehen und der vergeblichen Besserungsversuche durch die Abteilung Innere Angelegenheiten stellte den Beweis dar.

Im Urteil wird darauf eingegangen, dass die Tat- und Schuldschwere sich aus dem Fernbleiben von jeglicher geregelten Arbeit ergebe. Detailliert werden die Fehltage aufgeführt: 596 Arbeitstage fehlte sie in dreieinhalb Jahren. Da sie sich jeder medizinischen Behandlung und jeder gesellschaftlichen Einflussnahme entzog, wurden ihre genannten gesundheitlichen Probleme nicht anerkannt. Im Urteil wurde festgeschrieben, dass sie labil und willenlos sei, aus den Vorstrafen keine Lehren gezogen habe und stur an ihrer Einstellung entgegen dem gesellschaftlichen Konsens festhalte. Daraus ergebe sich die Notwendigkeit, die Angeklagte mit einer Freiheitsstrafe von einem Jahr und fünf Monaten zu ihrer Besserung zu verurteilen. Nach Haftentlassung solle sie dann staatliche Unterstützung im Sinne einer staatlichen Kontroll- und Erziehungsaufsicht erhalten.

Gleichzeitig wurde sie zu einer fachärztlichen Behandlung verpflichtet. Alle Maßnahmen sollten der Angeklagten helfen, sich in Zukunft gesellschaftsgemäß zu verhalten.

Die Akte gab mir weiterhin preis, dass Frau Rosenbaum aufgrund psychischer Auffälligkeiten in ein damals berüchtigtes Psychiatriegefängnis verlegt worden war. Ein Gefängnisbeamter beschrieb Frau Rosenbaum und seine Mühe, Geduld und seine vielen Versuche, sie zum Reden zu bringen. Sie leide seit Jahren unter Angstzuständen und Depressionen, habe Angst vor Menschen, wolle allein sein. Gründe wolle sie nicht benennen. Sie betreibe Alkohol- und Tablettenmissbrauch, hätte in Verstimmungs- oder Konfliktsituationen eine Neigung zu Suizidhandlungen.

Staatliche Erziehungsmaßnahmen gingen an ihr vorbei. Allerdings äußere sie auch keine negativen Meinungen zur Politik des Staates. Der verhörende Beamte kam zu dem Schluss, dass die Haft wahrscheinlich keine Wirkung zeigen würde, weil Frau Rosenbaum ihm schon gesagt hatte, dass ihr sowieso kein Arzt helfen könne. Also werde sie sich wohl weiter aller Maßnahmen entziehen.

Am 19. Dezember 1989 wurde Frau Rosenbaum entlassen. Die Welt hatte sich verändert. Die Mauer war offen. Die Wende war eingeläutet.

In der Wiedereingliederungsakte wurden der Arbeitsplatz vermerkt, den Frau Rosenbaum nach ihrer Entlassung wieder einnehmen sollte, und die Einleitung von Maßnahmen:

»Alle Regungen sind der Abteilung Inneres* mitzuteilen.
In der Firma soll ein Betreuer eingesetzt werden.
Ein Betreuungsprogramm soll vorgelegt werden.
Ein Betreuer für den Freizeitbereich soll benannt werden.
Mit sozialistischem Gruß«.

So stand es geschrieben. So kannte es jede DDR-Bürgerin und jeder DDR-Bürger.

Es gab einen letzten Eintrag der Abteilung Inneres in der Akte vom Februar 1990, der besagte, dass Frau Rosenbaum statt zu arbeiten gekündigt hatte. Bedauernd wurde festgestellt, dass ja nun kein gesellschaftlicher Einfluss auf die Haftentlassene mehr möglich sei.

Die Wende war Frau Rosenbaums Rettung vor der Willkür der staatlichen Organe.

Frau Rosenbaum wurde von ihrer behandelnden Ärztin in unsere Dienststelle überwiesen, weil sie Probleme mit der Antragstellung für Leistungen zum Lebensunterhalt hatte. Ich begegnete ihr das erste Mal im Jahr 1999. Von ihren Gefängnisaufenthalten erfuhr ich erst, als ich ein Jahr später ihre Arbeitsbiografie für die Beantragung der Erwerbsminderungsrente erfragte.

Mir gegenüber saß eine Frau, die viel jünger als 45 wirkte. Ihre Stimme klang wie die eines eingeschüchterten Kindes, hoch, unausgereift und etwas atemlos. Bei jedem Geräusch, etwa dem Schellen der Türklingel, warf sie erschrocken die Arme in die Luft. Ihre Arme waren während des Gesprächs in großer Unruhe. Es kostete mich einige Kraft, bei mir zu bleiben und die Bewegungen nicht zu übernehmen.

Durch alle anfallenden sozialanwaltlichen* Hilfen, die ich ihr geben konnte, kamen wir uns näher. Ich erfuhr, dass sie mit einem kleinen weißen Hund, den sie »meine Susi« nannte, und einem Zwergkaninchen, »meine Marie«, eine Familie bildete. Wenn sie davon erzählte, sprach sie von sich als »Mutti«. Den beiden galt ihre ganze Fürsorge.

Frau Rosenbaum lebte zurückgezogen. Sie ließ niemanden in ihre Wohnung. Nachts ging sie mit Susi eine Runde spazieren. In ihrer Zurückgezogenheit hatte sie eine eigene Ausdrucksweise entwickelt, die ich mir erst erschließen musste. Es gab zwei Menschen, die sie »das Untier« und »das Vieh« nannte, weiter »die Gänsehautschwester mit der Wendemacke«, eine »Lieblingsschwester, die weit weg wohnt« und Menschen, die in »Horden« von ihr wahrgenommen wurden.

Frau Rosenbaum sprach in fantasievollen Bildern. Ich war z. B. ihr »Versuchskaninchen«, an dem sie prüfte, ob sie vielleicht doch Vertrauen zu den Menschen haben könnte. Gerne sagte sie auch: »Den neuen Gedanken muss ich erst mal in meiner Seele wiegen.«

Frau Rosenbaum trainierte das Verlassen der Wohnung, indem sie in meine Sprechstunde kam. Manchmal musste sie vorher aus der Straßenbahn aussteigen, weil sie dissoziierte, sich ein Teil von ihr abspaltete, durch den Wald rannte und wieder von ihr einfangen werden musste.

Kurz nach dem Inkrafttreten des 2. SED-Unrechtsbereinigungsgesetzes beantragten wir Frau Rosenbaums Rehabilitierung und anschließend eine monatliche Opferrente. Das war der Durchbruch. Frau Rosenbaum fing an, Erinnerungen aus der Gefängniszeit zuzulassen. »Die Haft war meine Rettung!« Sie meinte die Rettung vor dem »Vieh«, einer qualvollen Beziehung. »Wenn ich durch die Betongänge gelaufen bin, dann habe ich mir vorgestellt, ich laufe durch ein Kornfeld.«

Es stellte sich jedoch bald heraus, dass sie häusliche Gewalt nur gegen die Misshandlungen durch andere Gefängnisinsassinnen eingetauscht hatte. Mit der Hilfe der Schließer brauchte sie nicht zu rechnen. Wenn die ihre aufgeschnittenen Arme gesehen hätten, wäre sie »an die Ketten« gekommen. »An die Ketten« bedeutete, dass sie Frau

Rosenbaum auf eine schwarze Pritsche gelegt und an Ketten fixiert hätten, die in die Wand einbetoniert waren. Das war bei Suizidverdacht üblich. Im Gefängnis gab es außerdem Medikamentencocktails, die »unfähig machen, irgendetwas zu denken«.

Wir warteten dringend auf die Rehabilitierung. Frau Rosenbaum glaubte nicht daran. Sie sagte immer, dass das sowieso nichts würde. »Das beruhigt«, sagte sie. Gleichzeitig beharrte sie: »Ich will doch bloß meine Würde wiederhaben!« Sie war hin- und hergerissen. Meistens sagte sie sich selbst: »Eigentlich bin ich ja schon rehabilitiert, weil es solche Menschen wie Sie gibt!«

Dann wurde sie tatsächlich rehabilitiert und als Opfer der DDR-Justiz anerkannt. Schwarz auf weiß konnten wir lesen, dass das Urteil von 1988 als rechtsstaatswidrig erklärt und aufgehoben war. Das Thema »Haft« trat in den Hintergrund. Zwei neue Themen nahmen den Platz ein: eine Zukunftsvision und ihr Kindheitserleben. Ein dramatisches Tauziehen zwischen diesen beiden Themen begann. Jetzt tauchten auch noch andere Personen in ihren Erzählungen auf. Großeltern, gute und zweifelhafte Freundinnen aus der Kindheit.

Frau Rosenbaum deutete manchmal nur an, was ihr als kleines Mädchen angetan worden war. Sie erzählte, dass sie nicht schlafen könne.

»Seit wann können Sie nicht schlafen?«

»Schon seit meiner Kindheit, ich konnte erst einschlafen, wenn mein Vater nachts nach Hause kam und ich ihn schnarchen hörte.«

Sie beendete jede dramatische Andeutung mit einer positiven Wende wie etwa: »Aber das ist ja jetzt vorbei! Eigentlich gibt es keinen Grund mehr, nicht zu schlafen!«

Es begann eine Zeit, in der sie erzählte und erzählte. Immer wieder vom Großvater Adolf, zu dem sie sich als Kind geflüchtet hatte, wenn die Angst sie überwältigte und die Eltern, die oft bis in die Nacht arbeiteten, noch nicht zu Hause waren. Der Vater war der Patriarch im Hause, dem die Mutter völlig unterworfen war.

Beim Großvater Adolf entdeckte sie eine Schachtel mit Fotos. Sie glaubte, dass sie jüdische Frauen zeigten, weil verächtliche Sprüche darunter geschrieben standen. Sie war irritiert. Hatten die Fotos etwas mit ihrem geliebten Großvater zu tun?

Sie schloss aus den Bildern, dass der Großvater nicht nur Nazi, sondern auch noch bei der SS gewesen war und die Bilder aus einem Bordell stammten. Diese Interpretation beschäftigte Frau Rosenbaum lange. Sie identifizierte sich mit den Opfern und suchte nach einer Möglichkeit, sich für ihren Großvater zu entschuldigen.

Eines Tages kam sie in meine Sprechstunde und sagte mir, dass sie mit Schindler gesprochen hätte. Ich war etwas verwirrt, weil ich nicht gleich wusste, wen sie meinte. Sie meinte den Schindler aus dem Film »Schindlers Liste«, zu dem sie in der Imagination\* Kontakt aufgenommen hatte. Sie hatte ihn gefragt, was aus dem Kasten mit den Fotos werden solle. Der imaginäre Schindler riet ihr, den Kasten in der jüdischen Gemeinde abzugeben. Sie selbst hatte die Idee, einen Blumenstrauß auf dem jüdischen Friedhof abzulegen.

Danach beschäftigte Frau Rosenbaum sich mit den anderen Großeltern. Opa Emil war Widerstandskämpfer gewesen, erzählte sie. Er und Oma Elfriede hatten ihre Mutter bei sich aufgenommen. Oma Elfriede war ihr die Liebste. Bei ihr fühlte sie sich sicher und geborgen.

Durch das Erzählen bewegte Frau Rosenbaum ein neuer Gedanke. Sie wollte sich von ihrer Familiengeschichte und all dem Schlimmen, was sie erlebt hatte, durch einen symbolischen Akt trennen. Sie wollte den Namen ihrer Großmutter Elfriede annehmen. Ich hatte keinerlei Erfahrung mit Namensänderungen, aber ich forschte nach und hatte schnell alle nötigen Informationen zu einem Namensänderungsverfahren beisammen. Im multiprofessionellen Team erhielt ich Rückendeckung, Frau Rosenbaums Wunsch wurde außerdem durch ein ärztliches Schreiben unterstützt.

Der Namensänderung wurde stattgegeben. Ich war überwältigt und übte nun, Frau Rosenbaum mit ihrem neuen Namen anzusprechen. Sie meldete sich am Telefon damit ganz selbstverständlich und unterschrieb ohne Stocken. Alle Ämter wurden informiert.

Obwohl sich alles ganz harmonisch zu fügen schien, gab es viele Durststrecken, in denen sie die Wohnung nicht verlassen konnte. Ich hielt per Brief Kontakt zu ihr. Suizidalität war immer mal wieder ein ernst zu nehmendes Thema. Zwei Gründe hielten sie davon ab: Susi und die Vorstellung, dann nicht richtig tot zu sein.

Unterdessen waren sieben Jahre seit unserer ersten Begegnung vergangen. Ich traf Frau Rosenbaum frühmorgens im Baumarkt. Susi begleitete sie, inzwischen eine betagte Hundedame, auf deren Alter ich mit Besorgnis blickte.

Frau Rosenbaum kaufte Tapete, um ihr Zimmer zu renovieren. Alle Schränke waren schon aufgeräumt, erzählte sie, und eine Standuhr gekauft worden, deren Gong ihre Nerven beruhige.

Wir trafen uns weiter regelmäßig in meiner Dienststelle. Frau Rosenbaum fing an, eine Vision zu entwickeln. Sie wünschte sich eine Zwei-Raum-Wohnung, ein breites Bett und, wenn Susi mal nicht mehr lebte, einen Schäferhund, der sie beschützte, denn, das sagte sie mit Überzeugung: »Ein Schäferhund ist doch der bessere Mensch.«

Susis bevorstehendes Ableben wurde ein Thema. Frau Rosenbaum hatte die Idee, sie einzufrieren oder präparieren zu lassen. Wir besichtigten einen Tierfriedhof und wogen alle Möglichkeiten ab, um gut vorbereitet zu sein.

Parallel arbeiteten wir an der Umsetzung ihrer Träume. Frau Rosenbaum fühlte sich stark. Sogar der Wunsch nach Arbeit kam auf. Sie wollte am liebsten »Holz hacken oder Mauern einreißen«. Von diesen Wünschen war nichts unmöglich, dachte ich. Das gute, neue Leben lag so nah!

Doch an diesem Punkt traten wir in eine neue Phase mit der Überschrift »Ich kann nicht schlafen!« ein. Frau Rosenbaum forderte Medikamente, kaufte sich selbst welche und verlangte schließlich, als alles nicht helfen wollte, die Tabletten, die sie früher im Gefängnis wie ein Stein hatten schlafen lassen.

Wir forderten die Akte an, doch die damalige Medikation war nach Aussage unserer Ärzte nicht zu verantworten, wir konnten ihr diesen Wunsch nicht erfüllen. Unsere Beziehung fing an, brüchig zu werden. Frau Rosenbaum sagte, sie brauche eine Pause. In dieser Pause schrieben wir uns wieder lange Briefe.

Im April 2009 sahen wir uns das letzte Mal. Danach war Frau Rosenbaum verschwunden. Einige Monate später meldete sie sich bei ihrer behandelnden Ärztin – aus Bayern, wo sie bei ihrer Lieblingsschwester untergekommen war. Sie sagte, es ginge ihr gut und sie mache lange Spaziergänge.

Es gab ein letztes verwirrendes Telefonat, in dem sie schon den Kontakt zu mir verloren hatte und von paranoiden Vorstellungen bestimmt war. Meine Versuche, an unsere gemeinsamen guten Erfahrungen anzuknüpfen, ließ sie noch einmal kurz im Telefonat innehalten. Dann brach der Kontakt ab.

Im April 2011 erfuhr ich, dass Frau Rosenbaum sich das Leben genommen habe. Man hatte meine Briefe in ihren Umzugskartons gefunden. Sie hatte gerade einen Tag in ihrer eigenen neuen Wohnung gelebt.

**Was war das Besondere an der Begegnung?**
Das Besondere an der Begegnung war, dass Frau Rosenbaum Ideen entwickeln konnte, die trotz ihrer psychischen Störung eine starke Sehnsucht nach Leben beinhalteten. Sie war eine Meisterin der Imagination, ohne dass sie das irgendwo gelernt hätte. Sie erfand es für sich. Das beeindruckte mich und ich empfand das als ein unglaubliches Selbstheilungspotenzial.

Sie war in der Lage, Gefängnisgänge in ein Kornfeld zu verwandeln, stundenlang auf einem Bild über dem Sofa spazieren zu gehen oder durch Imagination an einen weisen, beratenden Anteil in sich selbst heranzukommen. Ihr Umgang mit den Fotos von Opa Adolf war verblüffend und zugleich realistisch.

Ich erlebte es außerdem als etwas Besonderes, wie sie trotz der durch die Krankheit aufgezwungenen begrenzten Möglichkeiten ihr eigenes Leben gestaltete und schützte, indem sie niemanden in ihre Wohnung ließ. Zuweilen verließ sie diese Welt, um zu mir zu kommen oder um ein wenig am Leben außerhalb teilzunehmen. Ich war die Verbindung zu Ämtern und anderen Stellen, die sie selbst nicht aufrechtzuerhalten vermochte. Ihre Welt war zugleich ihr Lebens- und Leidensraum.

**Zu welchen Interventionen hat mich diese Begegnung angeregt?**
Unsere Begegnungen waren geprägt von dem, was Frau Rosenbaum erzählte. Ich war eine zuverlässige und empathische Zuhörerin. Einmal fragte ich sie, woran ich erkennen könne, wenn es ihr besser ginge, und sie sagte, dass sie dann beim Zahnarzt und beim Friseur gewesen wäre.

Im Team waren wir uns ihrer schweren Traumatisierung bewusst. Es war nicht meine Aufgabe, solche Themen zu aktualisieren. Sie selbst sprach darüber nur in Andeutungen. Therapie war für sie ein rotes Tuch. Ein Klinikaufenthalt war unvorstellbar. Eine Traumaambulanz gab es noch nicht.

Es war möglich, ein Genogramm\* zu erstellen.

Frau Rosenbaum zeichnete sich als jüngstes Kind, dann die älteren Geschwister und deren Familienverhältnisse. Kleine Beziehungsgeschichten erwachten in ihrer Erinnerung. Wie gut sie sich gefühlt hatte, die kleinen Nichten und Neffen zu betreuen, und mit welch fantasievollen Spielen sie die Kinder anregt hatte. Mit ihren Geschwistern teilte sie sowohl dramatische als auch schöne Erlebnisse. Es sei furchtbar gewesen, als die älteren Schwestern auszogen. Da war sie neun Jahre alt und musste fortan selbst sehen, wie sie durchkam.

Die Eltern erhielten fast schweigend ihren Platz im Genogramm. Unfassbares brach manchmal aus ihr heraus. Ob es möglich war, dass die Mutter von ihrem Leid wusste? Sie wollte sie immer fragen, hatte aber Angst vor der Antwort. Ich glaube, sie sprach in endlosen Telefonaten mit ihrer Lieblingsschwester darüber.

Die Großeltern Emil und Elfriede hatten ihre Mutter als Kind aufgenommen. Sie hatten keine eigenen Kinder und nahmen auch andere Kinder in ihre Familie auf.

In der väterlichen Herkunftsfamilie stellte Frau Rosenbaum fest, dass der jüngste Bruder des Vaters geschlagen worden war und dass ihm das niemand glauben wollte, wenn er davon etwas andeutete. Ich fragte sie, ob sie glaube, dass ihr Vater auch Gewalt erlebt habe? Das war eine neue Perspektive für Frau Rosenbaum.

Sie hatte zu tun, die beiden Gesichter des Großvaters Adolf zu verstehen. Der gewalttätige Nazi mit den Bordellfotos, der seine Kinder schlug, und der behütende Großvater, der sie in ihrer Angst auf den Schoß nahm. Adolf sei selbst in russischer Gefangenschaft gewesen. Er sollte erschossen werden, aber seine Frau habe um sein Leben gebettelt. Wie sie das gemacht hatte, wusste Frau Rosenbaum nicht.

Welche Dynamik entsteht in einer Familie, deren Großeltern sich als erbitterte Feinde bekämpften? Sind deren Kinder in der Lage, eine liebevolle Beziehung aufzubauen?

Die Dynamik zeigte sich, als Frau Rosenbaum erzählte, wie »ein Russe« versuchte in ihre Wohnung zu kommen. Sie hörte, dass er an ihrer Tür war und sich am Schloss zu schaffen machte. Das löste große Angst aus. Wenn Frau Rosenbaum gedanklich ins Handeln kam, dann sah sie zwei Möglichkeiten: Sie beruhigte sich damit, dass »der Russe« betrunken gewesen war und sich in der Tür geirrt hatte, oder ihr fiel ein, »den Russen« in ihre Wohnung zu zerren und zu fesseln. Dann wollte sie ihm den Kopf in der Wanne unter Wasser drücken, bis es ihm in den Ohren rauschte, oder ihm die Zunge mit der Zange herausziehen und ihm drohen, sie mit einem Messer abzuschneiden.

Ich spürte, wie mir von diesen Bildern übel wurde. Gleichzeitig erwachte der Gedanke in mir, ob sie derartige Gewalt am eigenen Leibe erfahren hatte. Grausames menschliches Verhalten wird fälschlicherweise oft als »tierisches« Verhalten bezeichnet. Frau Rosenbaum sprach von einem »Untier« und einem »Vieh«, die ihr Leid zugefügt hatten.

Ein großer Teil meiner Arbeit war sozialanwaltlicher Art. Als ich das Urteil las, wurde mir einmal mehr die Tragweite einer Willkürjustiz bewusst. Obwohl Fachärzte der Psychiatrie hinzugezogen worden waren, hatte man Frau Rosenbaums Verhalten als »asozial« verurteilt. Das war ein gängiger Begriff in der DDR. Dazu gehörten alle randständigen Gruppen: Alkoholiker, »Arbeitsbummelanten«, Arme, auch Menschen mit psychischen Erkrankungen. Meine Aufgabe war es, einen Antrag auf Opferentschädigung nach dem 2. SED-Unrechtsbereinigungsgesetz vorzubereiten und das Rehabilitierungs- und auch das Namensänderungsverfahren zu begleiten.

Die Fallsupervision im Team riet mir zu einer Begleitung, die Frau Rosenbaum Sicherheit und Zuverlässigkeit gab.

Während der langjährigen Arbeit mit Frau Rosenbaum war ich immer wieder gut beraten, eine Distanz zu wahren, die es mir ermöglichte, ihre Probleme wie ihre Ressourcen klar zu sehen, die Gegenwart im Auge zu behalten und die Selbstkontrolle zu bewahren.

**Was ist davon heute übrig geblieben?**
Die Beziehung hat viele Jahre getragen. Frau Rosenbaum war zeitweise von einer lebenszugewandten Hoffnung beflügelt. Ihr Suizid hat Traurigkeit über den nicht gelungenen Neuanfang in mir hinterlassen.

Posttraumatische Belastungsstörungen sind erst in den letzten Jahren zunehmend in den Fokus der Öffentlichkeit und der Sozialpsychiatrischen Dienste gekommen. Frau Rosenbaums Geschichte lässt vermuten, dass es in ihrer Familie in jeder Generation Traumata gab, die möglicherweise nie eine empathische Beachtung fanden und so Verwirrung stifteten und psychischen Erkrankungen Vorschub leisteten.

Frau Rosenbaum gebrauchte viele Bilder, mit denen sie mir ihre Störung beschrieb. Die folgenden Zitate entnehme ich ihren Briefen:

»Ich fühle mich (...) wie in einem dunklen Tunnel, in dem ich aber am Ende Licht sehe.«

»(...) wie ich kurz davor war, meinen Verstand zu verlieren. In solchen Momenten habe ich mich ganz schnell in Gedanken in einen See gestürzt. Und bin nur noch geschwommen. Ich hatte das Wasser und die schöne klare Luft gespürt. Es war so ein Segen. Ein Stück von meiner Seele war an einem ganz anderen Ort (...).«

»Ich möchte so gern noch einmal richtig wach werden. Raus aus meinem dunklen Tunnel, raus ins Licht.«

»(Ich komme) zu oft (in) diesen Todeszustand. Einfach ein Gefühl vom totalen Zerstörtsein. (...) ich kann in diesem Zustand nicht einmal einen Finger bewegen. (...) Ich glaube, ich würde (...) sogar eine Folter über mich ergehen lassen (...). Scheintod.«

Der erfahrene Traumatherapeut wird in Frau Rosenbaums Beschreibungen Symptome einer Traumafolgestörung erkennen: Vermeidung von Orten und Menschen, Angst- und Panikattacken, Flashbacks*, Dissoziationen* und andere Störungen. Er wird auch von dem Selbsthilfepotenzial, das Frau Rosenbaum vor uns ausbreitet, beeindruckt sein.

Der Tunnel erscheint mir als das Bild ihres Lebensweges, den sie von Kindheit an durchschreiten musste. Sie sah das Licht, konnte es aber nicht erreichen, weil sie immer wieder zurück in den Tunnel gezogen wurde. So empfand sie ihr Leben als Todeszustand. Sie wollte aber weg von dem, was grausam war.

Dunkel und Licht, Todeszustand und Lebenssehnsucht empfand Frau Rosenbaum bis ins Körperliche hinein. Es waren die Totalitäten, mit denen sie lebte. Wann jedoch waren diese Dualismen in ihr Leben eingedrungen?

Ich erinnere mich an eine ihrer Geschichten: Als kleines Kind, vielleicht war sie sechs oder sieben Jahre alt, erzählte die Mutter ihr, wie schön es wäre, im Himmel zu sein, weg von der grausamen Welt. Und wie gut es doch wäre, sie würden gemeinsam aus dem Leben gehen, um dorthin zu gelangen. Frau Rosenbaum rettete die Mutter aus diesen Gedanken, indem sie ihr Blumen pflückte und ihr mit ihrer ganzen kindlichen Kraft die Schönheit des Lebens hier auf der Erde zeigen wollte.

Zwischen einer todessüchtigen Mutter und einem gewalttätigen Vater aufzuwachsen, bedeutete für das Kind, das Frau Rosenbaum war, dass es keinen Ort gab, an dem sie sich geborgen fühlen konnte. Die Zuflucht beim Großvater Adolf erwies sich als weitere Enttäuschung. Der Zugang zum Leben über die Erfahrung von tragfähigen Beziehungen blieb ihr verwehrt.

Es bleibt zu vermuten, dass von allen Personen ihrer Kindheit, außer von ihrer Lieblingsschwester und ihrer Oma Elfriede, eine Todesgefahr ausging. Selbst die Beziehung zu den beiden wurde nie deutlich. So stand ihr keine Vertrauensperson zur Verfügung.

In solch feindseligem Umfeld aufzuwachsen, hatte seine Fortsetzung in der Schule. Sie konnte nicht lernen, weil sie nicht schlafen konnte und von Ängsten bestimmt war. Sie konnte keine Beziehung eingehen, weil sie das nie erfahren hatte. Ob Eltern, Gefängnisaufseher oder »Vieh«, alle kamen ihr aus der Todeszone entgegen. In solchem Nebel zu leben kann durchaus das Gefühl vermitteln, nicht richtig wach zu sein.

Frau Rosenbaum beschrieb einen inneren Kampf, fast einen Krieg, in dem sie glaubte den Verstand zu verlieren. Ich stelle mir eine innere Wut wie »von Sinnen« vor, aus der sie erst wieder zu sich kam, wenn sie selbst Hand an sich legte.

Dennoch konnte Frau Rosenbaum sich das Leben vorstellen. Sie konnte es körperlich spüren, die Frische der Luft, die erfrischende Kühle des Wassers. Es lag weit vor ihr und sie vermochte es nur durch imaginäre Abspaltung zu erreichen. Wenn Flashbacks sie zu überwältigen drohten, dann fuhr ihr »inneres Kraftwerk« hoch und versetzte sie dahin, wo sie überleben konnte. Das war ihre Rettung. Als Kindheit, »Vieh«, DDR und Gefängnis hinter ihr lagen und sie eine eigene Wohnung hatte, da musste sie weiter mit den Unholden ihrer Vergangenheit kämpfen, die sie schließlich einholten.

**Welche Herausforderung lag in dieser Begleitung?**
In erster Linie wollte ich den Kontakt aufrechterhalten. Wenn Frau Rosenbaum nicht zum Termin in meine Sprechstunde kam, nutzte ich den Fehlkontakt, um ihr einen Brief zu schreiben. Ich zeigte ihr immer, dass ich da war und wartete. Dann kam, meist gleich morgens um 8.00 Uhr, irgendwann ein Anruf von ihr. Sie tauchte – im wahrsten Sinne des Wortes – wieder auf. Dann wollte sie reden.

Ich spürte, dass sie meine Worte aufsaugte. Gelegentlich kam es zu Missverständnissen, deren Aufklärung sie selten akzeptierte. Solche Irritationen haben aber nie unsere Beziehung infrage gestellt.

Manchmal versuchte ich, Frau Rosenbaum zu einer Therapie zu bewegen, und wurde stets harsch zurückgewiesen. Ihr Wissen über Therapie bezog sie aus dem Fernsehen, sie konnte sich keine andere vorstellen. »Da kann ich mir das Vieh ja gleich auf den Bauch binden!« Das war ihr Verständnis.

**Welche Bilder habe ich mitgenommen?**
**Welche Sätze sind geblieben?**
Wir bewegten uns die ganze Zeit zwischen Himmel und Hölle. In der »Hölle« gab es Maisfelder, in denen man sich zum Sterben verstecken konnte, damit einen niemand am sicheren Tod hinderte. Dort war es einsam, noch einsamer als in der »Zwischenwelt«, in der wir uns trafen. Das Maisfeld war für Frau Rosenbaum der einzig vorstellbare Ort der Erlösung von den Qualen der Schlaflosigkeit, der Flashbacks, der Angst- und Panikattacken.

Im »Himmel« gab es einen weißen Flügel, auf dem Frau Rosenbaum gerne gespielt hätte. Da waren große, lichtdurchflutete Räume, ein breites Bett, das erholsamen Schlaf versprach, und ein Schäferhund, der sie beschützte. Es gab Wald- und Feldbilder, die zu imaginären Spaziergängen einluden, und vor dem Fenster rauschte das Meer.

Wenn ich an Frau Rosenbaum denke, dann sehe sie nachts zwischen den Plattenbauten mit ihrem kleinen Hund spazieren gehen. In einem Brief schrieb sie mir von folgendem Traum: »In meinem Traum suche ich meine Susi, sie ist einfach verschwunden, im Traum spreche ich alle Leute an, die ich treffe, und frage, ob sie meinen Hund gesehen haben. Dann bin ich auf einmal in einem Wald und rufe nach meiner Susi. Ich bin so besorgt und verzweifelt (…) um meine Susi. Nach einer Zeit meiner Suche kommt mir auf einmal meine Susi entgegengelaufen. Und neben meiner Susi kommt mir gleichzeitig ein Schäferhund entgegengelaufen. Ich nehme dann immer alle beide in meine Arme. Ich bin einfach nur erleichtert und hocherfreut und glücklich, so als ob mir gerade ein wunderschönes Wunder passiert wäre.«

**Was hat Frau Rosenbaum mir Neues vom Leben gezeigt?**
In Frau Rosenbaum steckte viel Kraft. Sie besaß wunderbare Selbstheilungskräfte. Eine davon war die Kraft der Imagination. Eine weitere war, zu inneren Persönlichkeitsanteilen Kontakt aufzunehmen und sie um Rat zu bitten. Ich kenne das aus der Achtsamkeitspraxis, mit Gefühlen in Kontakt zu treten und danach zu forschen, was sie mir gerade mitteilen wollen, Frau Rosenbaum war selbst darauf gestoßen.

Frau Rosenbaum beendete jedes unserer Gespräche mit dem Satz: »Aber das ist ja alles vorbei. Es gibt also keinen Grund mehr, nicht zu schlafen oder Angst zu haben!« Damit schöpfte sie immer wieder neu Hoffnung. Die Entscheidungen, einen neuen Namen anzunehmen und weit weg vom Ort des Traumas zu ziehen, um einen Neuanfang zu wagen, waren von der Hoffnung nach Leben bestimmt.

Sie hat nicht schnell aufgegeben. Ich vermute, dass mit der neuen Wohnung die alten Ängste zurückkehrten. Die wollte sie nicht noch mal erleben.

# »Seien Sie froh, dass Sie Sie sind!«
## Herr Schade

Ich besuchte Herrn Schade einmal im Monat. So war es sein Wunsch. Meine Besuche waren mit einem Ritual vergleichbar. Ich klingelte an der Klingelanlage, um erst einmal ins Haus zu kommen. An seiner Stimme erkannte ich die Stimmung, die mich oben unter dem Dach erwartete. »Frau Staemmler?«

»Ja, ich bins. Guten Morgen, Herr Schade.«

»Ich drücke!«

Dann ging der Summer und ich erlaubte mir, mit dem Fahrstuhl in den vierten Stock zu fahren, damit ich oben nicht so außer Atem war. Ich klingelte an seiner Wohnungstür. Herr Schade öffnete. Er stand drinnen, ich draußen. Schweigen.

»Guten Tag, Herr Schade!«

»Guten Tag, Frau Staemmler!«

»Darf ich reinkommen?«

»Selbstverständlich!«

Dann standen wir im Flur. Herr Schade eröffnete das Gespräch: »Frau Staemmler, ich muss Ihnen sagen, was ich für ein elendes Leben führe. Es ist so furchtbar. Ich bewundere Sie, wie Sie mit diesen furchtbaren kapitalistischen Verhältnissen zurechtkommen. Das ist ein elendes Leben.«

»Ja, Herr Schade, ich weiß, dass Sie sich oft ganz furchtbar fühlen. Wollen wir erst einmal in die Stube gehen? Dann können wir uns drinnen weiter unterhalten.«

»Ja, selbstverständlich.«

Im einfach eingerichteten Wohnzimmer saßen wir uns am Tisch gegenüber. Ich legte Mantel und Tasche auf einen Stuhl. Alles geschah in immer der gleichen Abfolge. Herr Schade eröffnete das Gespräch, indem er die kapitalistischen Verhältnisse beklagte und sich selbst als Taugenichts und elenden Versager beschimpfte.

Ich gab ihm zu verstehen, dass wir beide zu kleine Lichter seien, um die Verhältnisse umzustürzen, und dass es schade wäre, auch nur eine Minute unserer schönen gemeinsamen Zeit an die Verhältnisse zu verschwenden. Ebenso waren wir beide uns längst einig, dass auch seine aktuelle Befindlichkeit nicht unser vordringliches Thema war.

Herr Schade war sechzig Jahre alt und kämpfte schon seit vielen Jahren mit inneren Stimmen, fühlte sich beobachtet und von sämtlichen Radiosendern persönlich angegriffen, diffamiert und in seiner Entscheidungsfreiheit eingeschränkt. Dazu kamen der zunehmende soziale Rückzug, Antriebslosigkeit und Apathie. Ich versuchte, seinen Blick in die Gegenwart zu lenken. »Was wäre denn für Sie heute gut? Was muss denn heute hier passieren, dass Sie nachher sagen, der Besuch von Frau Staemmler hat sich gelohnt?«

»Wir könnten uns unterhalten!«

»Haben Sie eine Idee?«

Er lächelte mich unsicher an. »Nein.«

Manchmal bezog ich mich auf einen Gegenstand in seiner Wohnung, manchmal lag etwas auf dem Tisch, eine Zeitschrift der Zeugen Jehovas z. B. »Oh«, stellte ich fest, »hatten Sie Besuch?«

Dann erzählte er von zwei Frauen in mittleren Jahren, die ihm erzählt hatten, wie lohnend die Beziehung zu Jehova sei.

»Und wie war das für Sie?«

»Das war sehr interessant. Aber ich kann das mit meinem dialektisch-materialistischen Denken natürlich nicht glauben.«

Die Frauen kamen nicht wieder. Wahrscheinlich hatten sie es aufgegeben.

Wenn es keinen offensichtlichen Anlass für ein Gesprächsthema gab, musste ich auf eine Inspiration hoffen. Ich ging dann meine inneren Register durch. Was hatte Herr Schade das letzte Mal erzählt? Was hatte ich inzwischen erlebt?

»Waren Sie eigentlich schon mal auf einer Insel?«

»Ja, auf der Insel Poel bei Wismar. Da wurde ich mit Dieter, meinem Kollegen, hindelegiert. Wir haben in der Mathias-Thesen-Werft auf zwei Schiffen die Kapitänskajüten und die Besatzungsräume ausgebaut. Ja, das eine Schiff hatte 36.000 Bruttoregistertonnen und das andere 18.700.«

Ich war völlig platt. »Herr Schade, das haben Sie mir ja noch nie erzählt! Das ist ja unglaublich! Ich habe echt noch nie jemanden kennengelernt, der eine Kapitänskajüte ausbauen durfte. Da wurden doch nur die Besten genommen.«

Herr Schade lächelte bescheiden und erfreut zugleich. »Das war im Rahmen des sozialistischen Austausches zur Planerfüllung!«

Ich ließ mir genau erzählen, wie die Kapitänskabine aussah und wie er selbst damals gewohnt und gelebt hatte. Zwischendurch versuchte ich seine Erinnerung ein bisschen anzukurbeln, indem ich meine bescheidenen Kenntnisse auf technischem Gebiet einflocht. Damit gab ich Herrn Schade die Gelegenheit, mir das eine oder andere zu erläutern. Er hatte meine authentische Bewunderung. Die Zeit verging wie im Fluge.

Während ich meinen Kalender für eine neue Terminvereinbarung aus der Tasche zog, nahm Herr Schade den rituellen Faden wieder auf. »Müssen Sie schon gehen?«

»Ja, ich muss zum nächsten Hausbesuch.«

»Ich bewundere Sie, wie Sie mit diesen elenden kapitalistischen

Verhältnissen zurechtkommen. Seien Sie froh, dass Sie Sie sind! Das ist doch so ein elendes Leben, was ich hier führe! Ich hänge nicht an diesem Leben!«

»Ja, Herr Schade, ich weiß das, und trotzdem muss ich Ihnen immer wieder sagen, dass ich mich auf den Besuch bei Ihnen jeden Monat freue.«

Dann lächelte er ein bisschen und manchmal, wenn es ihm gut ging, dann bekam ich noch eine Rückfrage: »Ja, freuen Sie sich auf den nächsten Besuch?«

Ich sah ihn an: »Ja, ich freue mich drauf!« Dann stand der neue Termin in unseren Kalendern und wir verabschiedeten uns.

Manchmal unternahmen wir auch etwas zusammen. Einmal hatte Herr Schade den Wunsch, einen Aussichtsturm gemeinsam mit mir zu besteigen. Sein Geburtstag stand an und bot eine gute Gelegenheit zu diesem Ausflug. Wir fuhren mit dem Fahrstuhl hinauf und überwanden die letzten Stufen bis zur Aussichtsplattform. Zwischen heroischen Sandsteinfiguren konnten wir in alle Himmelsrichtungen über die Stadt sehen.

Herr Schade entdeckte eine Reihe unsanierter Plattenbauten in verwittertem Gelb. »Die Häuser da unten, das ist meine Lieblingsfarbe!«

»Erinnern Sie die an die DDR?«

»Ja, was hatten wir doch für eine gute und wertvolle Architektur!«

»Da bekommen Sie Heimatgefühle.«

Herr Schade nickte.

Diese kleine Begebenheit brachte mich auf die Idee, mit Herrn Schade bei jeder passenden und unpassenden Gelegenheit auf die Suche nach Farben, Formen und anderen kleinen Erinnerungen an die DDR zu gehen. Dort hatte er sich noch einigermaßen zurechtgefunden.

Wir besuchten das DDR-Museum. Herr Schade strich mit der Hand über ein Motorrad, eine MZ 150, 150 cm³. Seine Augen leuchteten. Seine Mutter hatte eine solche Maschine gefahren, mit ihm auf dem Sozius. Ich wurde wie aus der Pistole geschossen mit allen nötigen technischen Daten versorgt.

Wir standen vor dem überschaubaren Sortiment an Konserven und nun langsam ergrauenden Gläsern mit Roter Bete, Sauerkraut und anderen Delikatessen. »Das hat doch alles im sozialistischen Wettbewerb standgehalten, das ist doch beste Qualität. Diese Produkte hätten doch auch dem Kapitalismus die Stirn geboten!«

Herr Schade verstand die Welt nicht mehr. All das Vertraute stand im Museum. Sich mit den ganzen fremden glitzernden Neuheiten auseinanderzusetzen, überstieg seine seelischen Kräfte.

An einem anderen Sommertag saßen wir in einem traditionellen Gartenlokal. Wir waren wieder auf der Suche nach Vertrautem. Herr Schade hatte sich ein Schnitzel bestellt, das rechts und links über den Tellerrand reichte.

Wir suchten mit unseren Augen jeden Winkel ab. »Was ist hier noch wie früher?«, fragte ich.

»Die Gondelboote im Teich, die waren in der DDR auch nicht anders!«

Dann entdeckten wir ein altes schmiedeeisernes Gitter, das das Sommerlokal vom Teich trennte. Da klebte noch die alte, vertraute dunkelgrüne Farbe dran. Ich war froh, dass wir etwas gefunden hatten.

Herr Schade hatte nun Feuer gefangen: »Und die Spatzen! Die waren früher genauso frech wie heute!«

**Was war das Besondere an der Begegnung?**

Die Herausforderung war herauszufinden, wo Begegnung im wirklichen Sinne überhaupt stattfinden konnte. Herr Schade lebte in einer spartanisch eingerichteten Wohnung, wo er sein Unglück beklagte und oft nichts anderes aß als Margarineschnitten.

Im ersten sozialarbeiterischen »Durchlauf« versuchte ich natürlich, Erleichterung in sein Dasein zu bringen. Nichts wäre einfacher gewesen als das: eine Putzfrau, Essen auf Rädern, Wäschedienst, ein ordentliches Radio oder ein Fernsehapparat. Herr Schade genoss es vielleicht sogar, wenn ich ihm die Möglichkeiten darlegte, aber spätestens beim nächsten Besuch verzichtete er dankend auf alles.

Als wir einen kleinen Tisch für die Küche besorgen wollten, an dem er hätte essen können, sagte er: »Nein, ich möchte keinen Tisch, dann muss ich ja noch um vier weitere Beine herumwischen!« Ich war beeindruckt von diesem Argument. Gleichzeitig begriff ich, dass ihm Veränderung kaum möglich war.

Wenn ich Herrn Schade beim Einkauf im Supermarkt begleitete, erlebte ich, was es für ihn bedeutete, diese Fülle an Reizen zu verkraften. Mir wurde klar, dass er es manchmal nur mit Mühe schaffte, Brot und Margarine zu kaufen, und dann die Flucht vor diesem unüberschaubaren Angebot ergriff. Mein Vorschlag, diese Aufgabe an den Pflegedienst zu delegieren, nahm er tatsächlich an.

Nachdem wir uns etwas besser kannten, suchten wir gemeinsam die nähere Umgebung ab: Wo konnte er preiswert zu Mittag essen? Wo war der nächste Bäcker für eine Tasse Kaffee und belegte Brötchen? Dorthin »entführte« ich ihn gelegentlich und merkte dann, dass er manchmal auch allein diese Orte aufsuchte.

Nicht helfen konnte ich Herrn Schade beim Umgang mit den Stimmen, die ihn belästigten. Sie tönten ihm aus der Kloschüssel entgegen und demütigten ihn. Er hörte sie, wenn er auf der Straße lief, sie beschimpften ihn. Sie sprachen zu ihm aus dem Radio und machten ihn fertig.

»Können Sie nicht mit denen reden?«

»Das habe ich noch nie gemacht.«

»Können Sie denen nicht mal sagen, dass sie die Schnauze halten sollen?«

»Frau Staemmler, so etwas tue ich nicht!«

Das war schwer auszuhalten.

Nur mit den Kinderstimmen, die ihm freundlich begegneten, konnte er in der von ihm so genannten »Induktionssprache« sprechen. Das tat er gelegentlich auch in meiner Gegenwart, wissend, dass ich die Gabe, eine Induktionssprache zu hören, nicht habe. Eine dieser Stimmen hieß »Paulinchen«. Sie hielt Herrn Schade ein bisschen bei Laune, ermunterte ihn, morgens aufzustehen. Paulinchen tat ihm sichtlich gut, indem sie ihm Fragen stellte und um Rat bat. Gelegentlich fragte Herr Schade bei solchen Themen auch nach meiner Meinung.

Am schwersten fiel es mir, mit den stereotypen Sätzen umzugehen, in denen er sein Leben beklagte. Die würden problemlos eine ganze Stunde ausfüllen, wenn ich ihnen nicht Grenzen setzte. Einmal, als es besonders schlimm war und Herr Schade sich einfach nicht von seinen Sätzen lösen konnte, sagte er: »Die Leere ist so furchtbar, ich fühle so eine furchtbare Leere!« Ich war zutiefst erschüttert. Kein Lehrbuch kann diesen Teil einer schweren psychischen Erkrankung so deutlich machen wie ein Mensch, der diese Leere spürt.

**Zu welchen Interventionen hat mich diese Begegnung angeregt?**
Ich deutete schon an, dass ich zuerst versuchte, seinen Bedürfnissen auf die Spur zu kommen. Davon blieb übrig, dass wir gelegentlich etwas zusammen einkauften: eine Hose, eine Armbanduhr, eine Bettcouch. Das machte ihm keinen Spaß, mir auch nicht, aber es war einfach dringend nötig. Wir fanden uns damit ab. Was wir notgedrungen einkaufen mussten, war und blieb in seinen Augen kapitalistischer Schund.

Herr Schade hatte in seiner spärlich eingerichteten Wohnung ein Foto, das seine Mutter, seinen Bruder und ihn im Alter von etwa fünf Jahren zeigte. Das nahm er öfter in die Hand und ermutigte mich so zur Biografiearbeit\*. Dazu nutzte ich unterschiedliche Zugänge: Genogrammarbeit, Bilder, Geschichten, die er mir erzählte. Ein Höhepunkt war das gemeinsame Aufsuchen seines Elternhauses. Das

Haus war unbewohnt. Unten befand sich ein Gemüseladen, durch den wir ins Treppenhaus kamen und schließlich vor der ehemaligen Wohnungstür standen. Wie fühlte sich das an, diese alte Treppe hinaufzugehen? Erinnerte der Körper sich an die Höhe der Stufen und an den unterschiedlich abgetretenen Sandstein? Wie war es, die Hand auf das Treppengeländer zu legen und sich an die Last der Kohleneimer zu erinnern, die der Halbwüchsige die Treppe hinaufgetragen hatte?

Wir gingen zurück auf die Straße, folgten dem Weg zur Schule, saßen im Schulhof auf einer Bank unter großen Bäumen. Hier erinnerte sich Herr Schade, wie er Elfriede, einer Schulkameradin, an den Zöpfen gezogen hatte. Wir gingen auch in das Schulgebäude hinein, kehrten aber rasch um, weil wir ständig gefragt wurden, was wir hier wollten. Das war Herrn Schade zu viel.

Das Erzählen kleiner Geschichten aus dem Leben regte ich durch Methoden des Sozialtherapeutischen Rollenspiels\* an. Mit einer Frage wie »Waren Sie eigentlich mal auf einer Insel?« löste ich das Erzählen aus. Wenn er stockte, ermunterte ich ihn durch eine Nachfrage fortzufahren. Manchmal erzählte ich auch eine kleine Geschichte, um neue Assoziationen auszulösen. Das Spiel ließ sich so lange fortsetzen, bis das Thema erschöpft war. Das waren sehr erfüllende Stunden für Herrn Schade.

Eine Zeit lang nahm Herr Schade unser niedrigschwelliges Café-Angebot in Anspruch. Er kam aber nur, wenn er wusste, dass ich da war.

**Was ist davon heute übrig geblieben?**
Ich besuche Herrn Schade weiterhin einmal im Monat, inzwischen begleite ich ihn seit acht Jahren. Wenn es ihm schlechter geht als gewöhnlich, vereinbaren wir einen zusätzlichen Telefontermin. Immer noch gehen wir in seiner Wohngegend auf »Spurensuche« – Farben, Formen und Architektur aus der DDR. Einmal im Jahr machen wir dazu einen Ausflug.

Wenn ich krank bin und ein Hausbesuch ausfallen muss, ist das für Herrn Schade eine große Enttäuschung. Er wartet sehnsüchtig auf diesen Termin. Dann spricht er manchmal flehend auf den Anrufbeantworter der Dienststelle, dass ich mich doch melden solle, weil wir doch den Kontakt halten wollen.

Wenn sich der Hausbesuch bei Herrn Schade nähert, spüre ich in mir eine gewisse Spannung. Wie werde ich ihn antreffen? Die Sorge, dass er seinem Leben ein Ende bereitet, weil er es einfach nicht mehr erträgt, ist meine ständige Begleiterin. Es entlastet mich, dass ich nicht die Einzige bin, die nach ihm schaut. Mit seiner amtlichen Betreuerin bin ich in gutem Kontakt.

**Welche Herausforderung lag in dieser Begleitung?**
Die Herausforderung lag für mich zum einen in der Wahrnehmung der feinen Unterschiede, mit denen Herr Schade seine Befindlichkeit zum Ausdruck brachte. Auch wenn es die gleichen Sätze waren, lernte ich, wann ich ihnen mehr oder weniger Aufmerksamkeit widmen musste. Zum anderen lag die Herausforderung in der Beziehungsgestaltung. Ich konnte von Herrn Schade nicht erwarten, dass er dafür Sorge trug, dass ich gerne zu ihm komme. Ich wusste aber, dass es ihn beglückte, wenn ich mich bei ihm für den interessanten Hausbesuch bedankte. Das tat ich aber nur, wenn ich das auch so empfunden hatte.

Wenn wir kein gemeinsames Gesprächsthema fanden, scheute ich mich nicht, mich auch nach einer Viertelstunde zu verabschieden. Es ist grauenhaft, dazusitzen und nicht zu wissen, was man sagen oder machen soll. Ich sehe es als eine meiner heiligen Pflichten an, immer auch dafür Sorge zu tragen, dass es mir mit meiner Arbeit gut geht, ja dass sie mir sogar Spaß macht. Ich will mit meiner Arbeit zufrieden sein und sie gerne tun.

Eine weitere Herausforderung war der Umgang mit den Stereotypen. Ich stellte sie mir vor wie einen zerbrechlichen Deckel auf einem Fass ohne Boden. Wenn ich bei ihm war, versuchte ich, den Deckel behutsam zur Seite zu legen und Herrn Schade anzuregen, die Leere mit gelebtem Leben zu füllen.

Das funktionierte nicht immer. Manchmal musste der Deckel draufbleiben. Ich spürte dann, dass die stereotypen Sätze mit starker emotionaler Erregung ausgesprochen wurden. Während sie sonst nur die Zeit füllen sollten, waren sie in diesen Momenten von solchem Leid gefüllt, dass es mir unmöglich war, zur Tagesordnung überzugehen. Dann versuchte ich, sein augenblickliches Leid zu erfassen und ihm Worte zu geben. Ich verbalisierte seine Emotionen, bis er langsam in einen entspannteren Zustand kam. Wenn ich mir unsicher war, fragte ich ihn, ob ein paar Tage in der Klinik ihm jetzt vielleicht helfen könnten. Das lehnte er meistens ab.

Trotzdem gab es Zeiten, in denen ärztliche Intervention oder ein Klinikaufenthalt nicht zu umgehen waren. Die Sorge, Herr Schade könnte sich suizidieren, war meist der Auslöser. Die Rücksprache im Team half dann, eine Entscheidung zu treffen.

**Welche Bilder habe ich mitgenommen?**
**Welche Sätze sind geblieben?**

Ich bin gerührt, wenn Herr Schade sich auf meinen Hausbesuch vorbereitet. Er besitzt einen winzigen Bildband mit Katzenbildern und weisen Sprüchen großer Dichter und Denker. Manchmal lädt er mich ein, mir dieses Buch anzusehen, und er rezitiert dazu die Sprüche – auswendig.

Manchmal sagt er: »Frau Staemmler, Sie sind so gütig!« Dieser Satz ist mir schrecklich peinlich und ich möchte ihn weit von mir weisen. Mich belastet dieses Bild einer barmherzigen Schwester. Ich muss es einfach von mir weisen. Doch wie ist dieser Satz eigentlich aus Herrn Schades Perspektive gemeint? Ist es seine Art, ein wohlwollendes Feedback zu geben? Wo hat er diesen rituellen Satz gelernt?

Eindrücklich ist auch seine Körperhaltung beim Spazierengehen. Ich komme regelmäßig außer Atem, weil er sich so nach vorn stürzt, der Kopf ist schneller als die Beine.

**Was hat Herr Schade mir Neues vom Leben gezeigt?**
Von Herrn Schade habe ich gelernt, mit Stereotypen zu experimentieren. Es ist mir wichtig, sie nicht in die Schublade der zur Erkrankung gehörigen Symptome zu verstauen, sondern ihr Selbsthilfepotenzial zu sehen. Paulinchen, die letzten DDR-Relikte und kleine Gegenstände in der Wohnung sind meine Verbündeten.

**Was sagt Herr Schade zu meiner Geschichte?**
Bei einem Hausbesuch, an dem ich seine Stimmung als stabil einschätzte, erzählte ich Herrn Schade, dass ich über meine Arbeit mit ihm geschrieben hätte und gerne seine Sicht und Einschätzung hören würde.

Ich fing an, diese Geschichte vorzulesen, und stockte bald. Ich merkte, dass Herr Schade weinte.

»Was berührt Sie so?«

»Es ist so ein schreckliches Leben und Sie geben mir so viel Beachtung.«

»Möchten Sie weiter hören, was ich geschrieben habe?«

Er nickte.

Als ich aufhörte, sagte er: »Es freut mich, wenn Subjektives objektiv geboten wird.«

Später korrigierten wir die Bruttoregistertonnen der Schiffe, die ich nicht mehr exakt wusste.

Herr Schade stellte noch eine dramatische Veränderung fest: Paulinchen will den Kontakt zu ihm nicht mehr. Darüber ist er sehr traurig. Herr Schade erzählte, dass Paulinchen Probleme in der Schule hat und dass ihr Mathe so schwerfällt: »Was habe ich mit ihr Mathe geackert!«

Wir überlegten, wie er die Gespräche wieder in Gang bringen könnte und was früher die Themen waren. Schnell wurden Erinnerungen an die eigene Kindheit wach.

Herr Schade stellte fest, dass er nur noch in der Vergangenheit lebe und sein Wissen alt sei. Neues käme nicht mehr dazu. Ich kenne Herrn Schade zu gut, um dies als Wunsch nach Veränderung zu deuten. Veränderungen bleiben ihm ein Gräuel. Kommt die Veränderung aber ungebeten, wie eine körperliche Krankheit etwa, dann rechtfertigt dieser Umstand, im Bett zu bleiben. Dann ist mein Besuch ein Krankenbesuch und Kranken darf man einen Wunsch erfüllen. Lebkuchen oder Melone, mehr ist es ja nicht.

# »Bitte sehen Sie nach mir«
Frau Wilhelm

Frau Wilhelm vertraute unserem Dienst und bewirtete die Mitglieder bei einem Hausbesuch mit einem Stück Kuchen und einer Tasse rabenschwarzen Kaffees, während sie selbst eine dicke Zigarre rauchte. Zum Abschied sagte sie oft: »Bitte sehen Sie nach mir!«

Es waren einige Ärzte, Sozialarbeiterinnen und Schwestern, die »nach ihr sahen«. Obwohl es Konsens in der Sozialen Arbeit ist, dass feste Bezugspersonen für die Klienten wichtig sind, musste sich Frau Wilhelm im Laufe der Jahre durch Personalwechsel und Umstrukturierungen an verschiedene Ärzte, Krankenschwestern und Sozialarbeiterinnen gewöhnen. Vor mir arbeiteten bereits zwei andere Kolleginnen mit ihr.

Als ich Frau Wilhelm übernahm, war sie mir aus Teambesprechungen und kurze Begegnungen im Wartebereich bekannt. Ich wusste, dass sie eine Betreuerin hatte, mit der sie sich gut verstand und die alle amtlichen Dinge regelte. Nur die »Doubles«, die Stimmen, die sie hörte, trieben weiter ihr Unwesen. Darum bat sie uns, regelmäßig nach ihr zu sehen.

Ich stellte mir unter den »Doubles« immer übel wollende Personen vor, aber ich habe mich nie getraut, Frau Wilhelm zu fragen, wer die »Doubles« sind. Für sie waren die »Doubles« Fakten und auf eine Frage meinerseits hörte ich oft: »Tun Sie jetzt nicht so, als wäre ich dumm, das können Sie mit mir nicht machen!« Fragen konnten sie von jetzt auf gleich wütend machen.

Durch die »Doubles« war Frau Wilhelm in Kontakt mit unserem Dienst gekommen. Meine Kolleginnen haben oft erzählt, wie Herr Wilhelm Hilfe gesucht hatte. Die Badewanne war übergelaufen, berichtete er. Seine Frau sagte, dass »Doubles« ihr das Gehirn gestohlen hätten und sie nicht auf die Wanne habe achten können. Das war gewissermaßen der Tropfen, der das Fass zum Überlaufen gebracht hatte.

Wütende Nachbarn hatten die Nase voll von Frau Wilhelms Geschrei, den ehelichen Streitigkeiten und Beschimpfungen. Sie wollten nicht mehr dulden, dass Frau Wilhelm ihre Blumen abschnitt. Ihr Mann fühlte sich nervlich am Ende. Er konnte ihre Unruhe und die Stimmen, mit denen sie auch nachts laut redete, nur mit Alkohol ertragen.

Herr Wilhelm war verzweifelt und hatte Druck. Der Dienst sollte schnell Abhilfe schaffen.

So schnell wie möglich machte sich eine Kollegin auf den Weg. Ein handfestes Ringen auf sozialer Ebene begann: Wilhelms hatten gefährliche Mietschulden, permanente Geldnot und Nachbarschaftskonflikte. Viele Male wollte der Ehemann seine Frau vor die Tür setzen und Polizeieinsätze blieben nicht aus. In mühsamer Kleinarbeit ging meine Kollegin ans Werk, den Schaden zu begrenzen. Die Nachbarn mussten beruhigt werden. Frau Wilhelm musste zu Ämtern begleitet werden. Die Finanzen waren zu sichern. Und in allem sollte Frau Wilhelm immer wieder von ihrer Sozialarbeiterin hören: »Wir sind für Sie da. Wir sorgen dafür, dass Sie nicht auf der Straße landen.«

Seit ihrem zwanzigsten Lebensjahr hörte Frau Wilhelm Stimmen, die sie beschimpften und ihr »nach dem Leben trachteten«, wie Frau Wilhelm es ausdrückte. Wenn sie darüber wütend wurde und sich nicht mehr steuern konnte, dann flogen auch schon mal Einrichtungsgegenstände aus dem Fenster. Dann musste sie mit Notarzt und Polizei in die Klinik eingewiesen werden. Wenn die Behandlung anschlug, wurde Frau Wilhelm ruhiger. Trotzdem wollte sie keine Medikamente einnehmen, wenn es ihr subjektiv gut ging. Die Motivationsbemühungen meiner Kollegin endeten lange Zeit so: »Ich weiß schon, worauf Sie hinauswollen, aber ich brauche das nicht regelmäßig!«

Es war oft Thema unserer Teamberatungen, wie die zuständige Kollegin Frau Wilhelm zur medizinischen Behandlung motivieren könnte. Ein Klinikaufenthalt war für sie keine Alternative.

Wenn Herr Wilhelm kam und sagte: »Ich kann nicht mehr. Ich könnte aus dem Fenster springen. Meine Frau schreit seit zwei Stunden. Sie zerschneidet ihre Sachen. Ich kann sie nicht beruhigen!« – war das eine Gelegenheit für ein Behandlungsangebot? Unsere Ärztin und die zuständige Sozialarbeiterin gingen zum Hausbesuch und versuchten, sie zu beruhigen. Das gelang für den Augenblick und vielleicht konnte Frau Wilhelm in der Nacht schlafen. Dann war es eine Erfahrung, an die vorsichtig angeknüpft werden konnte. Sich etwas ruhiger zu fühlen und gelegentlich Schlaf zu finden, bereitete den späteren Weg in unsere Dienststelle.

Allerdings waren dafür viele solcher Gelegenheiten nötig und Rückschläge gehörten dazu. Ganz unvermittelt konnte es passieren, dass die Kollegin abgelehnt wurde und vor verschlossener Türe stand. Was haben die Stimmen Frau Wilhelm suggeriert? Frau Wilhelm war viele Jahre sehr misstrauisch. »Die Ärztin gibt mir die falsche Spritze. Ich fühle mich wie ein Liliputaner, dem Arme und Beine lang gezogen werden. Meine Arme und Beine zucken so.« Auf die Ärzte hatte sie fast immer Wut: »Die machen mich dick, meine Arme und Beine, meinen Bauch!« Trotzdem kam sie.

Als ich Frau Wilhelm übernahm, kam sie relativ regelmäßig in unsere Dienststelle. Schwester Sonja bereitete wöchentlich eine Medikamentenbox für sie vor, die sie sich auch meistens abholte. Wenn sie kam, konnte die Schwester manchen Groll auf die Ärzte und die Behandlung abfangen. Manchmal saßen sie am Tisch und tranken gemeinsam Tee. Frau Wilhelm redete und fühlte sich verstanden.

Wenn sie die Box einmal nicht abgeholt hatte, suchte Schwester Sonja sie zu Hause auf, um sie an die Medikamente zu erinnern. Irgendwann, an einem dieser Kurzbesuche, bemerkte Schwester Sonja, wie Frau Wilhelm übrig gebliebene Tabletten aus der Wochenbox in eine Schublade schüttete. Sie fragte Frau Wilhelm, was sie damit vorhabe. Frau Wilhelm sagte, dass sie mal mehr und mal weniger Pillen brauche, und wenn es ganz schlimm sei, dann sei sie froh, noch welche in Reserve zu haben.

Das ist natürlich aus medizinischer Sicht ein etwas heikles Einnahmeverhalten. Die Ärztin versuchte, ohne ihr Vorwürfe zu machen, Frau Wilhelm über die Gefahren unregelmäßiger Medikamenteneinnahme aufzuklären. Für Frau Wilhelm war es ein möglicher »Mittelweg«. Sie nahm die Medikamente, aber in gewisser Weise doch sehr selbstbestimmt. Es blieb ein lebenslanges Verhandeln. Wenn es gut war, dann lenkte sie ein: »Ich krieg nun mal keinen anderen Kopf!«

Die erste Krise, die wir gemeinsam durchstanden, begann mit dem Sterben des Ehemannes. Frau Wilhelm besuchte ihn täglich in der Klinik. Sie saß den ganzen Tag schweigend an seinem Bett – sie höre seine Stimme, sagte sie.

Ich sah nach ihr, wie die Kolleginnen vor mir es getan hatten. Gemeinsam mit ihr organisierte ich die Beerdigung. Danach ging das Leben weiter, auch der Kampf mit den »Doubles«. »Die hängen mir immer mehr ›Doubles‹ an, die mir das Gesicht und die Gedanken wegnehmen!«

Trotzdem hatte Frau Wilhelm Pläne. Sie schlenderte durch die Einkaufswelten, verschönerte ihre Wohnung, holte sich ihre Medikamente in der Dienststelle ab oder wartete auf meinen Besuch. Die Stimmen waren mal mehr und mal weniger bedrohlich. Nur einmal waren sie ganz weg. Da geriet Frau Wilhelm völlig außer sich vor Angst: »Dann weiß ich doch überhaupt nicht, was die vorhaben!« Dass das Verstummen der Stimmen auch belastend sein konnte, war neu für mich.

So ging es einige Jahre, bis bei Frau Wilhelm Krebs im fortgeschrittenen Stadium diagnostiziert wurde. Es mussten schwere Entscheidungen getroffen werden. Dabei blieb Frau Wilhelm klar und selbstbestimmt. Ihre Logik war: »Die ›Doubles‹ wollen mir die Gesundheit nehmen und die Wohnung. Die gebe ich aber nicht so einfach her. Ich will zu Hause bleiben. Und ich nehme keine Chemotherapie, weil davon die Haare ausgehen, und das lasse ich nicht mit mir machen. Meine Mutter und meine Schwester haben Chemotherapie bekommen und sind trotzdem gestorben.« Das waren klare Ansagen.

Mit Frau Müller, ihrer Betreuerin, wechselte ich mich ab, sie zum Arzt zu begleiten. Als ich sah, wie mühsam es für Frau Wilhelm wurde, in den fünften Stock zu laufen, fragte ich in der Hausarztpraxis nach, ob Physiotherapie im Hausbesuch möglich sei. Kein Problem! Ich versuchte Frau Wilhelm dafür zu begeistern, aber sie regte sich auf: »Ich bin doch noch keine alte Frau! Um Himmels willen, bleiben Sie mir damit vom Leibe!« Als ich nach vier Wochen einen Termin mit ihr vereinbaren wollte, hörte ich allerdings, dass dieser schon durch eine Physiotherapeutin besetzt sei. Sieh mal einer an! Da hat's der Hausarzt also geschafft, dachte ich.

Der Pflegedienst stellte eine Hauswirtschaftshilfe. Die schweren Getränkeflaschen wollte sie der Frau aber nicht zumuten. Das tat ihr zu leid.

Musste Frau Wilhelm plötzlich in die Klinik, erfuhr ich es vom Pflegedienst oder von Frau Müller. Dann fuhr ich hin, nahm die Liste der Sachen auf, die sie brauchte, und bekam den Wohnungsschlüssel mit den Worten: »Ich hab Vertrauen zu Ihnen!« Gemeinsam mit unserer Krankenschwester packte ich, machte Ordnung in der Wohnung und brachte ihr die gewünschten Sachen, ein bisschen Obst und ein paar Süßigkeiten.

Sie freute sich, wenn ich kam. Wir unterhielten uns und sie flüsterte, was die »Doubles« ihr sagten. Das musste keiner hören.

**Was war das Besondere an der Begegnung?**
Das Besondere an der Begegnung mit Frau Wilhelm war meine Wahrnehmung von Teamarbeit. Zuerst war die Bezugssozialarbeiterin die wichtigste Kontaktperson. Dann kamen die Ärztin und die Krankenschwester hinzu. Mit den Jahren war ein Wechsel der Bezugsperson möglich. In der letzten Phase öffneten sich Frau Wilhelm und das Team nach außen für die Betreuerin, die Hausarztpraxis und den Pflegedienst.

Bevor wir Frau Wilhelm kennenlernten, hatte sie schon eine Psychiatriekarriere hinter sich: lange Klinikaufenthalte noch zu DDR-Zeiten, Trennung von ihren Kindern, Kämpfe und Verhandlungen um eine medizinische Behandlung, Nachbarschaftskonflikte, drohender Wohnungsverlust, Verschuldung.

Es war nur zu verständlich, dass sie uns lange misstraute. Doch schließlich trug unsere Arbeit Früchte. Unsere Dienststelle wurde für Frau Wilhelm zu einem Hort der Sicherheit. Sie wurde ruhiger. Ich hatte den Eindruck, dass sie ihr Leid im Laufe der letzten Jahre in die eigenen vier Wände nahm. Wenn es zu schlimm war, schrie sie es in unserer Dienststelle heraus. Auch zur Betreuerin hatte Frau Wilhelm eine gute Beziehung. Frau Wilhelm kannte sie und vertraute ihr. Die Beziehung zum Arzt blieb ambivalent: zwischen »Er hängt mir noch mehr ›Doubles‹ an!« und »Grüßen Sie den Doktor von mir!«.

**Zu welchen Interventionen hat mich diese Begegnung angeregt?**
Frau Wilhelms Auftrag an meine Kolleginnen und mich war: »Sehen Sie nach mir!« Zwischen sehen und handeln befindet sich ein kleiner Entscheidungsspielraum, den ich intuitiv nutzte.

Wenn Frau Wilhelm unter dem Diktat ihrer Stimmen nicht essen oder einkaufen durfte, dann sagte ich: »Was bilden die sich denn ein? Kommen Sie, wir kaufen ein, worauf Sie Appetit haben! So weit kommt's ja noch, dass die Ihnen das Essen verbieten!« Damit konnte ich eine Schneise in den »Doubles«-Dschungel schlagen und ihr wieder ein Stück Handlungsfähigkeit verschaffen.

Ich hätte gern etwas mehr aus Frau Wilhelms Biografie gewusst, aber sie hielt sich bedeckt. Auch in den Dokumentationen meiner Kolleginnen konnte ich keine genaueren Angaben zur Anamnese entdecken. Wir sollten nach ihr sehen und sie wollte gesehen werden, aber wie, das bestimmte sie. Manchmal führte sie uns ihre neuesten Einkäufe vor, oft Kleidung, manchmal etwas für die Wohnung. Frau Wilhelm hatte eine sehr eigene, auffällige Art, sich zu schminken. Ihre Wohnung war eingerichtet wie ein Märchenschloss: ein weißes Ledersofa, ein elektrischer Kamin und imitierte Leopardenfelle an der Wand.

Das Versteckspiel mit der Biografie, das Schminken und das Leben in einer Scheinwelt sind aber auch Verweise auf die Trauer, die Isoliertheit und die Angst vor dem Gesichtsverlust. Das Sehen und Gesehenwerden ist ein menschliches Grundbedürfnis. Es ist aber gleichzeitig eine Wanderung am Abgrund.

Das wurde mir wenige Wochen vor ihrem Tod deutlich.

Sie saß auf dem Bettrand, den rechten Arm im Streckverband und war sehr traurig: »Die Ärzte mögen mich nicht!«

»Warum? Was ist passiert?«, fragte ich.

»Weil ich so hässlich bin!«

Einen kurzen Augenblick rang ich mit Gegenargumenten, als eine Intuition die Oberhand gewann. »Kommen Sie, Frau Wilhelm, dem können wir abhelfen! Soll ich Sie schminken?« Ich half ihr aus dem Bett, führte sie vorsichtig ins Bad und setzte sie auf einen Hocker. »So, Sie müssen mir jetzt sagen, was ich machen muss.« Zuerst die weiße Faschingscreme, dann vorsichtig Wangenrouge, etwas Lippenstift und zum Schluss – davor hatte ich am meisten Respekt – mit ungeübter Hand die Wimpern tuschen. Jetzt der Blick in den Spiegel, noch ein bisschen die Haare ordnen. Fertig!

Als Frau Wilhelm wieder in ihrem Bett saß, sah sie ganz verändert aus. Die Traurigkeit war einem dankbaren Lächeln gewichen. Wie wenig braucht es manchmal: ein bisschen Schminke, ein bisschen Zuwendung und den Mut, einer Intuition Raum zu geben.

**Was ist davon heute übrig geblieben?**
Es gehört zu den Regeln der Dienststelle, dass wir jeden ansprechen, der im Wartebereich sitzt: »Hat Sie schon jemand gesehen? Zu wem möchten Sie denn? Wie ist Ihr Name? Ich sage Bescheid!« Es ist uns wichtig, von Anfang an klare Verbindlichkeiten herzustellen.

Zu diesen Verbindlichkeiten gehört die Transparenz meiner Arbeit. Ich bespreche mit den Klienten, was ich mit Betreuern oder Hausärzten ausgehandelt habe, und handele im Einklang mit ihnen. Gerade bei einer so misstrauischen Patientin wie Frau Wilhelm ist das wichtig.

Auch Psychohygiene ist wichtig. Wir stehen als Kolleginnen und Kollegen füreinander entlastend zur Verfügung. Man gerät in solchen Systemen schnell zwischen die Fronten und es tut gut, wenn jemand sagt: »Lass dich nicht zerreiben!« Kollegiale Beratung und Supervision gehören zur regelmäßigen Pflichtübung in unserem Arbeitsfeld.

Auch Humor gehört dazu. Ich erinnere mich, dass Frau Wilhelms erste Bezugssozialarbeiterin sich ein Reihenhaus zulegen wollte. Da das Nachbarhaus zum Verkauf stand, ging mit uns die Fantasie durch. »Da können doch Wilhelms einziehen!« In Gedanken machten wir schon Durchbrüche, um die nächtlichen Kriseninterventionen zu erleichtern, planten gemeinsame Urlaube und erlaubten uns in der Fantasie, unprofessionell bis zum Abwinken zu sein. Das brachte wieder etwas Leichtigkeit in die Arbeit. Ein kleines Kabarett aus dem Stegreif wirkte entlastend.

**Welche Herausforderung lag in dieser Begleitung?**
Die Herausforderung lag darin, den Auftrag zu erkennen und in seiner symbolischen Tiefe auszufüllen. Das begann damit, seismografisch kleine Unterschiede zum Gewohnten zu erfassen. Dazu war es wichtig, nach Frau Wilhelm zu sehen und still bei ihr zu verweilen. Nach ihrer Aussage gab es oft »nichts Neues«. Nach meiner Wahrnehmung stimmte aber manchmal doch irgendetwas nicht, aber was? Hatten die »Doubles« ihr das Reden verboten? Oder das Essen und Trinken? Oder das Verlassen der Wohnung? Wenn ich es herausbekam, dann konnte ich auch mal »richtig verrückt« werden und die ganze Schminkpalette nutzen.

**Welche Bilder habe ich mitgenommen?**
**Welche Sätze sind geblieben?**
Die letzten Wochen waren sehr dicht. Frau Wilhelm freute sich so über Besuch in den verschiedenen Krankenhäusern. Das gab ihr Sicherheit. Ich wusste immer, wo sie war. Wenn ich nicht konnte, übernahm unsere Krankenschwester den Besuch. Es kam sonst niemand.

Kaum hatte ich meinen Stuhl ans Bett gestellt, klingelte sie nach der Schwester, was mir immer sehr peinlich war. Sie bat um eine Flasche Wasser und ein Glas für mich.

Diese Fürsorglichkeit blieb bestehen. Ich fragte sie nach ihren Wünschen. »Bringen Sie mir das graue Kleid, damit mich die Ärzte ernst nehmen.« Ein bisschen Marzipan, ein paar Mandarinen. Sie war sehr darauf bedacht, mir immer das Geld dafür zu geben.

Zuletzt bat sie mich um Blumen. »Und kaufen Sie sich auch einen Strauß!« Ich stellte einen bunten Gartenstrauß auf ihren Nachtschrank. Sie öffnete kurz die Augen: »Schön!«

Ich saß noch eine ganze Weile an ihrem Bett und hielt ihre Hand. Dabei kam mir ein altes Kinderlied aus Humperdincks Oper »Hänsel und Gretel« in den Sinn. »Abends, will ich schlafen gehn, vierzehn

Englein um mich stehn …« Ich summte es. Ich wusste, dass es ihr gefallen hätte. Frau Wilhelm mochte Engel.

Das war unser Abschied.

**Was hat Frau Wilhelm mir Neues vom Leben gezeigt?**
Ich konnte zwei Systeme erkennen: Frau Wilhelm und ihre »Doubles« auf der einen Seite und unser Team auf der anderen Seite. Unser Team bewegte sich um das Wahnsystem herum, um es ruhig zu halten. Ich sehe dabei fünf Aufgaben: das Dasein und Zusehen des Anfangs, die Schadensbegrenzung, das medizinische Behandlungsangebot, der Kontakt zur Schwester, die Zusammenarbeit mit der Betreuerin und anderer Hilfesysteme.

Die Zusammenarbeit im Team unserer Dienststelle war von großer Übereinstimmung getragen. Das wirkte wie ein Gegengewicht zum Chaos, dass die Doubles besonders zu Anfang regelmäßig schufen. Wir begleiteten Frau Wilhelm bis zu ihrem Tod. Das betraf hauptsächlich unseren Arzt, unsere Krankenschwester und mich. Wir arbeiteten eng und gut mit Frau Müller, ihrer Betreuerin, dem Pflegedienst und der Hausarztpraxis zusammen. Es war eine gute Erfahrung zu sehen, was vereinte Kompetenz und eine menschliche Haltung möglich machen können.

Am Ende bestimmte sie, auf etwas Schönes zu schauen – den Blumenstrauß.

# »Ich bin eine hysterische Perfektionistin!«
## Frau Schumann

Der Vermieter von Frau Schumann rief bei unserem Dienst an. Wir sollten Frau Schumann dazu bewegen, ihre Wohnung in einen »vertragsgemäßen Zustand« zu bringen. Das war sie nämlich nicht.

Als ich an ihrer Tür klingelte, öffnete mir eine 80-jährige agile Frau. Ich musste mich durch den Türspalt zwängen und gelangte durch Stapel von Kartons und Zeitungen bis zu einem freigeräumten Platz. Dort setzte ich mich. Um mich herum türmten sich Papiere, Bücher, Noten, Körbe, Kartons und Sachen aller Art.

Frau Schumann setzte sich, eine Kittelschürze übergeworfen, frohgemut auf den zweiten Platz. Ehe ich zum Luftholen kam, ergossen sich über mich in einem schier endlosen Redefluss Krankheitsberichte, Symptome, Erfahrungen mit Ärzten und Geschichten, wie sie dem Tode gerade noch entronnen war. Langsam versackte ich unter dem Redeschwall. Meine Versuche, »noch einen Fuß in die Tür zu kriegen«, misslangen bis auf diesen Satz: Der Vermieter mache Druck, weil die Wohnung nicht in einem vertragsgemäßen Zustand sei.

Frau Schumann erklärte sich wortreich und begründete den Zustand mit ihren Krankheiten: »Die können Sie mir doch nicht zum Vorwurf machen! Lassen Sie mir noch vier Wochen Zeit, dann ist das alles in Ordnung«. Mir wurde schnell deutlich, dass es hier nicht um die Organisation eines Containers ging und dass klassische Sozialarbeit schnell an ihre Grenzen kommen würde. Zwei Zimmer, Dachboden und Keller waren randvoll.

Mitten im Müll stand ein Flügel, schwarz und glänzend. Ich fragte Frau Schumann, ob sie auf diesem Instrument spielen würde und wir es etwas freiräumen könnten, damit sie bequemer herankäme. Dabei vermied ich das Wort »Müll«. Wenn Sie das nämlich hörte, schrie sie auf »Das ist kein Müll!«. Aber was war es dann? Darauf war ich neugierig. Ich begann, sie regelmäßig zu besuchen. Vielleicht ließe sich ja finden, was der »Müll« unter sich verbarg.

Frau Schumann war Musikerin und unterrichtete auch in ihrem fortgeschrittenen Alter noch in einem Musikstudio. Eine Kollegin und ich besuchten an einem Freitagnachmittag ihren Unterricht. Der Raum war mit unterschiedlichen Instrumenten ausgestattet. Gerade war eine Gitarrenschülerin da. »Zuerst spielst du die Akkorde und ich mache eine kleine Improvisation dazu, und dann wechseln wir!« Während die Akkorde im Raum dröhnten, gingen ihre Finger leicht und beschwingt über die Saiten. Als der Unterricht zu Ende war, gaben wir Rückmeldung zu dem, was wir erlebt hatten: eine erfahrene, mütterliche, pädagogisch hochkompetente Musiklehrerin.

Als Frau Schumann mein Interesse bemerkte, lud sie mich zum Vorspiel ihrer Schüler vor einem kleinen Publikum ein: Zu Beginn las sie eine kleine Geschichte vor. Dann sagte sie an, wer spielte und was. Alle wurden für ihr Vorspiel gelobt und ihre Leistungen gewürdigt. Es gab unter ihnen nicht wenige, die später Preise bei renommierten Musikwettbewerben gewannen.

Neben den Instrumenten stand ein kleines, wackeliges Serviertischchen, auf dem Kleinigkeiten bereitstanden. Wenn alle gespielt hatten, lud Frau Schumann mit einem warmen Lächeln ein: »Und nun kommt an den Gabentisch!« Jeder konnte sich eine Kleinigkeit nehmen, an jeden war gedacht.

Ich vermutete, dass Frau Schumanns Fürsorglichkeit mit ihrer Geschichte zu tun hatte, und wollte gerne mehr von ihr wissen: »Frau Schumann, was halten Sie davon, wenn wir beide zusammen an den Ort gehen, wo Sie als Kind gewohnt haben?« Frau Schumann war begeistert und stimmte sofort zu.

Wir trafen uns vor dem Haus ihrer Kindheit. Frau Schumann war vorbereitet: Sie zauberte eine Plastikfolie, darauf zwei warme Stuhlkissen und ein wenig Gebäck aus ihrer Tasche und viele Fotos. Wir setzten uns im Innenhof auf eine Bank und ich erfuhr, dass in meinem Arbeitsgebiet 1906 ein beachtliches Areal als sozialer Wohnungsbau konzipiert worden war. In diesem Viertel gab es den ersten Fröbelkindergarten, da gab es Mangelstuben, Waschküchen, ein Familienbad im Haus und in jeder Wohnung ein WC. Der ganze Innenhof war Spielplatz gewesen und von Laubengängen geziert. Hier lebte Frau Schumann von 1934 bis 1946.

Ich sah die alten Fotos an. Frau Schumann fühlte sich gut in ihren Erinnerungen. Der Garten war ihr Kindheitsparadies, sie lebte dort mit ihrer Familie vom Frühjahr bis zum Herbst. Frau Schumann erzählte von Kinderspielen, von einer Art Bunker ohne Dach für den Luftschutz, es war ja Krieg, und sie berichtete genau, wie sie am Bau des kleinen Gartenhauses beteiligt war und von der Ziege, die sie dort hatten. Nur eine kleine Nebengeschichte trübte die Erinnerung. Wenn die Mutter sagte, sie wolle schnell nach Hause, weil sie etwas vergessen hätte, dann rannte Frau Schumann hinter ihr her. Dabei sah sie mich bedeutungsschwer an. Ich hatte schon erfahren, dass sie immer Angst hatte, dass ihre Mutter sich das Leben nehmen würde. War das ein Hinweis auf die Ursache der Unordnung in ihrer Wohnung?

Ich sollte es nicht erfahren. Vierzehn Tage nach unserem Besuch im Garten klingelte das Telefon. Die Putzfrau rief an und berichtete mir, dass Frau Schumann gestorben sei. Ich konnte es gar nicht fassen, hatte ich sie doch gerade noch so munter gesehen.

Unmittelbar darauf riefen mich viele ihrer ehemaligen Schüler oder Eltern an – sie wirkten wie ihre Familie. Ich spürte ein warmes Gefühl in mir aufsteigen. Sie organisierten ihr eine herzliche Beerdigung und widmeten ihr sogar ein Gedenkkonzert. Meine Arbeit war damit beendet.

Um die Auflösung der Wohnung kümmerte sich ein Nachlassverwalter. Alles, was Frau Schumann in ihrer Wohnung angehäuft hatte, musste sie jetzt loslassen, ganz und gar. Damit senkte sich Frieden über Frau Schumanns Leben.

**Was war das Besondere an der Begegnung?**
Das Besondere an der Begegnung mit Frau Schumann war der Widerspruch zwischen ihrer Persönlichkeit und der Wohnung, in der sie lebte. Das erschütterte mich. Es fiel mir schwer, den Zustand der Wohnung als eine Problemlösung zu sehen – wenn es denn eine war.

Mein Nachdenken endete im Chaos. Ich konnte meine Überlegungen und Vermutungen nicht geordnet abspeichern.

Ich war fasziniert von ihrer Lebendigkeit und gleichzeitig verwundert, wie eine so agile Frau so leben konnte. Lange dachte ich, dass durch inneres Aufräumen sich am äußeren Zustand etwas ändern ließ. Mir entging, dass ich mich von Frau Schumann verführen ließ. Ich wurde bei den Versuchen aufzuräumen durch ihr sprühendes Erzählen abgelenkt.

Frau Schumanns ganze Liebe galt der Musik, dem Weitergeben dessen, was sie konnte, der Beziehungspflege zu ihren Schülerinnen und Schülern. Das war der Boden, der sie trug. Dort bekam sie viel Anerkennung. Die Musik hielt ihre Seele im Gleichgewicht, trug mit ihren Ordnungen zu ihrer Sicherheit bei. Musik war organisierte Zeit.

**Zu welchen Interventionen hat mich diese Begegnung angeregt?**
Der Anfang war schwer. Ich musste mich zuerst von der Erwartung des Vermieters befreien und von der Hoffnung, von Frau Schumann einen Auftrag zu bekommen.

Ich hielt es für meine erste Pflicht, sozialanwaltliche\* Aufmerksamkeit walten zu lassen. Das war nicht einfach, weil Frau Schumann eine Frau war, die gewohnt war, sich allein durchzuschlagen. Daraus entwickelte sie ihre unerschütterlichen Strategien. Mit meinen praktischen Ideen prallte ich ab. Die Versuche, eine Generalvollmacht und eine Patientenverfügung zu erarbeiten, scheiterten. Was mir blieb, waren Unterstützung und Stärkung durch aktives Zuhören.

Frau Schumann hatte einen hohen Gesprächsbedarf. Das war anstrengend, wenn wieder eine nicht enden wollende Rede über Krankheiten anstand. Mir kamen Zweifel an deren Vorhandensein. So einfach war es aber nicht. Es gab welche, aber nicht unbedingt die, von denen sie sprach.

Frau Schumann berichtete z. B. mit unbeschwertem Lächeln von Symptomen, die sie zwei Tage nach meinem Besuch mit dem Notarzt in die Klinik brachten und eine Operation erforderten. Ich hatte keine ernsten Beschwerden wahrgenommen. Frau Schumann hatte gelernt, die eigenen Schmerzen zu verharmlosen oder nicht zu zeigen. Als Kind wollte sie der Mutter keine zusätzlichen Sorgen machen. Die Strategie hatte sie beibehalten.

Die Bedeutung von »Krankheit« in der gesamten Familie wurde mir durch dieses Ereignis etwas klarer.

Ich begann mit der Genogrammarbeit. Der Einstieg war die Frage nach der Herkunft des Flügels. Er war das Erbe einer Verwandten. Von dieser Person aus begann ich das Genogramm\* auf ein großes Blatt Papier zu zeichnen.

Frau Schumann wurde kaum ein Jahr nach dem Suizid der ersten Frau ihres Vaters geboren. Sie erklärte dazu ungefragt, dass ihre Mutter und die erste Frau Freundinnen waren und die erste Frau vor ihrem Tod schon diese Verbindung als einen sehnlichen Wunsch formuliert hätte.

In der Familie gab es Suizide, Mord oder tödliche Erkrankungen. Die markierte ich rot. Die vielen roten Markierungen erschreckten mich. Ich wollte das Blatt am liebsten schnell wieder zusammenfalten. Was für ein Erbe! Was ist alles unter den Teppich gekehrt worden und reichte der Teppich aus, es darunter zu halten? Wenn ich der Vorstellung Raum gab, dass das Aufräumen der Wohnung der Exhumierung all der Toten gleichkäme, dann musste ich mir auch Gedanken machen, wie das für Frau Schumann als einzige Hinterbliebene zu verkraften wäre. Ich hatte Fragen, die ich mich nicht traute ihr zu stellen. Der Raum war einfach zu groß, in dem Schuld, Scham und Schrecken ihre Wirkung entfalteten.

Manchmal schien mir der Zustand ihrer Wohnung das Fehlen eines geeigneten Ordnungssystems für ihre familiären Erinnerungen widerzuspiegeln.

An den Ort der Kindheit zu gehen, hatte bei Frau Schumann Begeisterung ausgelöst. Biografiearbeit* belebt die Erinnerung. Als Kind hatte sie sich unter dem Tisch im Wohnzimmer eine Bude gebaut, in der sie selbstvergessen saß und auch von den Eltern nicht beachtet wurde. So hörte sie davon, dass Juden abgeholt wurden. Sie deutete Geschichten an, die sicher nicht für ihre Kinderohren gedacht waren. Sie erlebte den Bombenangriff auf die Stadt, sah die vom Phosphor verbrannten Menschen in die Rot-Kreuz-Rettungsstelle in ihrem Wohnviertel kommen, um medizinisch versorgt zu werden. Sie starb fast vor Angst, als die Eltern sie allein zu Hause ließen, um nach überlebenden Verwandten in der Stadt zu suchen.

Bemerkenswert war, dass außerhalb ihrer Wohnung die Krankheiten fast keine Rolle mehr spielten, mit denen sich mich in ihrem vollgetürmten Wohnzimmer immer überschüttete. Nach dem Ausflug zu dem Ort der Kindheit flog mich die Idee einer paradoxen Intervention* an. Das Anhäufen von alternativen Geschichten hätte ein Versuch werden können, Frau Schumanns gesunde Seite mehr ins Bewusstsein zu rücken. Aber dazu kam es nicht mehr.

**Was ist davon heute übrig geblieben?**
Frau Schumann blieb die große »Unbekannte«. Sie hatte Traumatisches erlebt, an das sie nicht rühren und nicht erinnert werden wollte.

Frau Schumann kannte die Menschen und wusste, wie sie sie für ihre Ziele nutzen konnte. Das war ihre Überlebensstrategie. Warmherzig und lebendig wickelte sie auch mich rasch ein. Sie dirigierte mich durch die Gänge ihrer Wohnung, durch ihre Krankheitsgeschichten, durch die Geschichten ihrer Kindheit. Sie dirigierte auch das Verrümpeln. Nach oben war immer noch genug Platz für Neues. Alles Abgelegte war gleich wichtig, niemand durfte es anfassen.

**Welche Bilder habe ich mitgenommen?**
**Welche Sätze sind geblieben?**
Es waren die Sätze, die mich verführten: »Auch wenn Sie das nicht sehen, aber ich habe wieder unheimlich viel geschafft!«

»Sie sind mir ein Stück Heimat geworden.«

Nicht vergessen habe ich, wie sie mir sagte: »Ach, ich weiß jetzt, was ich habe. Hier steht es, in der Apothekenumschau. Ich habe eine Kanalopathie!« Sie erklärte es mir, es klang kompliziert. Ich erinnerte mich aus der Systemischen\* Arbeit, dass es für den Aufbau einer tragenden Beziehung sehr wichtig ist, den richtigen Zugangskanal zum Klienten zu finden. Kanalopathie! Ja, der Eingang war verbaut.

Sehen konnte ich aber auch die Energie einer tatkräftigen Frau: »Ich bin eine hysterische Perfektionistin!« So bezeichnete sich Frau Schumann. So schaffte sie es, inmitten des vollgetürmten Wohnzimmers einen Weihnachtsbaum aufzubauen. Vor dieser Leistung zog ich den Hut. Sie bat mich später, den Baum mit ihr zusammen zu entsorgen. Unter Zuhilfenahme einer elektrischen Säge und einer Gartenschere waren zum Schluss drei Eimer übrig, einer voll mit Tannennadeln, einer mit klein geschnittenen Ästen und einer mit ofengerechten Holzscheiten.

**Was hat Frau Schumann mir Neues vom Leben gezeigt?**
Für Frau Schumann war die »Vermüllung« nur ein Problem, wenn es jemand anderes ansprach.

Sie zeigte mir, dass es sich lohnt, jetzt zu leben, in der Gegenwart. Das äußerlich Sichtbare sah ich dann als die Verpackung dessen an, was sich nicht aufarbeiten ließ, vielleicht Trauer um nicht Gelebtes, Angst, Scham, Schmerz.

## »Ach, haben Sie doch ein bisschen Gottvertrauen!« Frau Giese

Frau Giese wusste genau, wann ich komme, ich hatte mich angekündigt. Ich klingelte unten an der Haustür und presste mein Ohr wegen des Straßenlärms an den Lautsprecher der Türsprechanlage. Die Technik ließ ein Knacken hören und, um ein Vielfaches gedämpft: »Guten Tag, Frau Staemmler!« Ich grüßte freundlich zurück und machte mich auf den Weg unters Dach – vierter Stock. Dort erwartete sie mich schüchtern lächelnd und stets mit den Worten: »Seien Sie mir recht herzlich willkommen!«

Gleich rechts neben der Tür zog ein niedriges Schränkchen meine Aufmerksamkeit auf sich. Es war überhäuft mit Kartons und Schachteln jeder Größe. Im Wohnzimmer ließ sich Frau Giese nicht die Freude nehmen, mir zu zeigen, was sie alles in verschiedenen Versandhäusern und Buchhandlungen bestellt hatte. Meine Gehirnwindungen begannen sofort zu rechnen: Rente minus Miete, Strom, Telefon plus Wohngeld, bleibt zum Leben? Ich behielt diese Rechnung lieber noch für mich und fragte stattdessen, was es Frau Giese bedeutete, all diese Dinge zu bestellen.

»Die sind immer so freundlich am Telefon.«

Oh, diese Halsabschneider, natürlich sind die freundlich, wie wollen die sonst ihren Scheiß loswerden?, ratterte es in mir. »Und wie ist das für Sie, wenn die so freundlich sind?«

»Da freue ich mich, wenn ich denen auch eine Freude machen kann und was bestelle.«

»Frau Giese, ich bin ein bisschen besorgt, weil ich mir nicht vorstellen kann, dass Sie die Einkäufe finanziell verkraften.« Frau Giese fand meine Ängste völlig unbegründet. In mir hämmerte es: Du musst das kontrollieren, sie gefährdet sich und verliert womöglich ihre Wohnung! Die Kontoauszüge zeigten einen ausgeschöpften Dispokredit. Dass das für Leute, die wenig Geld haben, normal ist, hatte ich unterdessen gelernt.

Ich fragte Frau Giese, ob es für sie in Ordnung sei, wenn ich ihre Kontenbewegungen ein bisschen im Blick behielte. Sie hatte nichts dagegen und so wurde ich über mehrere Wochen Zeugin zahlreicher Abbuchungen, die meine Über-Ich-Attacken anstachelten.

Ich stellte Frau Gieses Umgang mit ihren Finanzen in einer kollegialen Fallberatung vor und erhielt die warmherzige Empfehlung, doch lieber eine amtliche Betreuung anzuregen.

Frau Giese fiel aus allen Wolken, als ich versuchte, ihr die Vorteile einer rechtlichen Betreuung nahezubringen. Sie schaute mich an, als könne sie nicht glauben, was soeben über meine Lippen gekommen war. Ihr Gesichtsausdruck ließ unschwer erkennen, dass sie in höchster Alarmbereitschaft war. Da half auch keine gut gemeinte Erklärung zum Thema »Betreuung«. Frau Giese war schon lange Psychiatrie-erfahren. Für sie hingen ein Stück Selbstbestimmung und persönliche Freiheit an der Verfügungsgewalt über ihr Konto. Es brach aus ihr heraus: »Ach, haben Sie doch ein bisschen Gottvertrauen!«

Sie flehte mich so tief inniglich an, dass mir ganz schwindlig wurde. Was hab ich bloß? Sie hat ja nicht mal Schulden, sie schöpft doch bloß ihre bescheidenen Möglichkeiten aus! Wozu will ich eigentlich die Betreuung anregen? Wir schauten uns an. »Okay!« Mit einer gedachten Handbewegung fegte ich die Kontoauszüge vom Tisch. »Wissen Sie was? Wir lassen das jetzt mit dem blöden Geld. Ich habe auch keine Lust, Sie andauernd zu kontrollieren. Ich traue Ihnen zu, das selbst zu tun! Trotzdem bitte ich Sie, wenn etwas brenzlig wird, mir ein Signal zu geben.« Das tat sie und es war nie schlimm. Damit war das Thema Geld für uns beide abgehakt.

Man kann sich auch selbst ganz schön im Wege stehen. Wir legten einen Sozialordner an, damit wir schnell die nötigen Papiere zur Hand hatten, falls Anträge gestellt werden mussten. Frau Giese hatte eine gute Übersicht, auf die ich mich verlassen konnte.

Damit waren alle sozialanwaltlichen* Aufgaben erledigt. Wir befanden uns an einer Weggabelung. Brauchte Frau Giese mehr Unterstützung? Wie schaffte sie den Alltag?

Frau Giese erzählte. Alles war qualvoll: der Abwasch, das Aufräumen, die Wäsche auf den Dachboden zu hängen. Die Pflicht, das mütterliche Grab zu bepflanzen, lag wie ein Stein auf ihr. Wir haben dann manches ohne viel Federlesens zusammen gemacht. Das war der Anfang unserer Beziehung.

Schwer wurde es, als sie Schuldgefühle aussprach. Sie sah sich als untragbar faul an, weil ungewaschenes Geschirr herumstand. Viele Stunden verbrachte sie im abgedunkelten Zimmer im Bett. Frau Giese erzählte mir, dass medizinische Experimente vom Haus gegenüber an ihr durchgeführt wurden, die sie aushalten müsse, weil sie deswegen die Rente bekäme. Ich wusste, dass sich dieses Erleben nicht ausreden ließ. Wie stand sie das durch? Wenn ihre Angst zu groß war, dann rief sie ihre Ärztin oder mich an.

Frau Giese sehnte sich nach Gesprächen. Sie saugte alles auf wie ein Schwamm. Jede Anregung, die ich ihr gab, wurde zu einem gemeinsamen Erlebnis. Frau Giese trug einen großen Reichtum an Wissen und Themen in sich. Literatur, Musik- und Kunstgeschichte waren ihre Stärken. Diese Schätze waren wie festgezurrt. Wir versuchten sie Stück für Stück zu lösen. Eine Zeit lang sprachen wir sogar englisch miteinander.

Kurz nach dem Tod ihrer betagten Mutter wurde Frau Giese aktiv. Sie nahm Kontakt zu Menschen auf, denen sie irgendwann in ihrem Leben begegnet war, eine ehemalige Arbeitskollegin von der Post, eine Frau aus der Kirchgemeinde, eine ehemalige Kommilitonin. Ich war beeindruckt. An diesen wiederbelebten Beziehungen ließ sie mich teilhaben, die pflegte sie. Sie erzählte mir von deren Nöten und fragte mich, ob sie ihnen dieses oder jenes raten konnte. Quicklebendige, warmherzige Briefe kamen bei ihr an. Sie erzählte mir, dass sie jedes Mal auf dem Weg vom Briefkasten in den vierten Stock betete, dass die Atemluft ausreichen möge und sie den Brief noch lesen könne. Der Höhepunkt war Weihnachten: Frau Giese saß inmitten von liebevollen Weihnachtspäckchen. Ich habe selten einen Menschen sich so freuen sehen.

Fortan gingen wir auf Reisen: London, Paris, Schweden, Neuseeland, Indien, Kanarische Inseln. Während ich in Urlaub fuhr, tat Frau Giese das auch, indem sie sich einen Reiseführer oder einen Bildband bestellte. Dann sah sie sich die Bilder an und wartete auf meine Berichte, was man dort erleben konnte.

So vergingen die Jahre, bis mich kurz vor Weihnachten ein Anruf erreichte, Frau Giese sei bewusstlos in ihrer Wohnung aufgefunden worden und liege im Koma auf der Intensivstation. Ich fuhr sofort hin. Als ich sie da liegen sah, angeschlossen an intensivmedizinische Geräte, war ich mir nicht sicher, ob ich sie jemals wiedersehen würde. Der Oberarzt sagte, sie wüssten noch nicht, welchen Weg Frau Giese gehen würde. Wer kann das schon wissen?

Ich fragte, ob ich zu ihr dürfe und – ich glaube, das war meine mutigste Tat – ob ich etwas singen könnte. Ich streichelte ihre Hand, sprach sie laut an und dann sang ich ihr ein altes Weihnachtslied von Paul Gerhardt ins Ohr. Ich war sicher, dass sie es kannte. Es war ein sehr intimer Augenblick. Frau Gieses Gesichtsmuskeln zuckten, wie ich es früher schon bei ihr wahrgenommen hatte, wenn sie sehr gerührt war. Ich war sicher, dass ich sie erreicht hatte, und fuhr getrost in meine Dienststelle.

Zwei Jahre Leben waren ihr danach noch vergönnt.

**Was war das Besondere an der Begegnung?**
Wer Frau Giese begegnen wollte, kam nicht an ihrer pietistischen Glaubensausrichtung vorbei. Mit dieser Prägung ließ sie kein gutes Haar an sich. Tief verwurzelt war ihr Schuldbewusstsein angesichts des Kreuzestodes Jesu für ihre Sünden. Tapfer trug sie daran, geißelte sich mit Schuldvorwürfen, bezichtigte sich der Schlechtigkeit und betete jeden Tag um Vergebung. Das machte mich wahnsinnig! Es traf mein rebellisches Wesen in seiner Mitte. Hätte sie mir den Auftrag gegeben, mit ihr einen Weg aus dieser geistigen Enge zu suchen, ich hätte meine ganze Energie hineingesteckt. Aber sie gab mir diesen Auftrag nicht. Noch schlimmer, sie wollte in diesem Glauben verharren. Damit hatte ich ein Problem!

Wenn ich Frau Giese begegnen wollte – und das wollte ich –, dann musste ich mich mit mannigfachen Übertragungen und Gegenübertragungen\* auseinandersetzen. Das erlebte ich als eine sehr heilsame Arbeit, von der ich reichlich profitierte. Die Selbsterfahrung führte mich in die Urgründe meiner Wut und lehrte mich zu sortieren, in welche Zeit meiner eigenen Lebensgeschichte sie gehörten, um anschließend einen guten Umgang mit diesem Gefühl zu finden.

Am Ende war Frau Giese immer noch fromm. Sie zog mit Sicherheit einen Gewinn aus diesem Glauben. Den durfte sie auch behalten. Vielleicht erschließt sich mir noch der Sinn.

**Zu welchen Interventionen hat mich diese Begegnung angeregt?**
Nach der gegenseitigen Befreiung öffnete sich ein Raum, den wir Stück um Stück mit Dingen aus Frau Gieses Erinnerungsspeicher »möblierten«. Manchmal fanden wir die Tür zu diesem Speicher nicht. Dann bot ich ihr ein Stück von meinem an oder wenigstens ein Bild da-

von. So erschloss sie sich auf ihre Weise und mit ihren Möglichkeiten Ressourcen, die krankheitsbedingte Leere ein Stück zu füllen und die Sehnsucht nach einem eigenen Leben ein wenig zu stillen.

Ich versuchte, biografisch mit ihr zu arbeiten. Auf kleinen schwarz-weißen Fotografien zeigt sie mir ihre Familie. Ich sah sie da meist als Kind zwischen schwarz gekleideten Frauen. Wir erstellten ein Genogramm*, damit ich die Personen besser zuordnen konnte.

Ihre Familie war aus dem Sudetenland vertrieben worden, damals war Frau Giese ein Säugling gewesen. Welche Beziehung die Mutter zu ihrem leiblichen Vater gehabt hatte, blieb unklar. Als Frau Giese 16 Jahre alt war, brach bei ihrer Mutter dieselbe psychische Erkrankung aus, unter der auch Frau Giese nun litt. Wir mussten diese Biografiearbeit* abbrechen. Sie war zu aufwühlend.

**Was ist davon heute übrig geblieben?**
Frau Giese lehrte mich, dass sich kreative Räume nur öffnen lassen, wenn ich andere Räume respektiere. Ich weiß nun, dass ich die Lösung bei mir suchen muss, wenn ich mit der Einrichtung ihres Hauses ein Problem habe.

Sie zeigte mir, dass der enge Rahmen ihres pietistischen Glaubens ihr half, ihre eigene Geschichte zu tragen. Ich kann nur vermuten, dass dieser Teil für sie schuld- und schambelastet war.

**Welche Herausforderung lag in dieser Begleitung?**
Die größte Herausforderung war für mich der Umgang mit Frau Gieses Schuldgefühlen. Sie stachelten meine Wut auf pietistische Gruppierungen an. Ich habe selbst erlebt, wie dort manche Mitglieder ihre Sünden unter dem Kreuz bekennen sollten und sich dadurch selbst kleinmachten. Ich habe mich dieser Selbsterfahrungsarbeit gestellt, sonst hätte sich vermutlich unser Weg anders gestaltet. Frau Giese hätte sich vielleicht in ihre Bescheidenheit zurückgezogen.

Trotzdem versuchte ich manchmal, ihre Schuldgefühle in einen anderen Rahmen zu setzen, dann bot ich meine konträre Perspektive an. Das schmutzige Geschirr der letzten Woche bedeutete aus ihrer Sicht: »Ich bin abgrundtief faul!« Ich setzte meine Sicht dagegen: »Das ungewaschene Geschirr ist für mich ein Zeichen Ihrer schweren Antriebslosigkeit! Das ist ein Zeichen Ihrer psychischen Erkrankung.« Ich erwartete nicht, dass Frau Giese meine Perspektive annehmen konnte. Schuldgefühle für Faulheit ließen sich sicher besser in ihr christliches Schuld- und Sündenverständnis einreihen als die Antriebslosigkeit einer psychischen Erkrankung. Trotzdem wollte ich es versuchen.

Eine andere Herausforderung lag darin, Frau Giese immer wieder in ihrem Selbstwert zu stärken und sie zu ermutigen, etwas für sich zu tun. Das waren meist ganz einfache Dinge, wie etwas Gutes und Gesundes zu essen.

Frau Giese trug einen großen Reichtum an Wissen und Themen in sich. Wenn ich ihr dafür meine Bewunderung aussprechen wollte, ließ sie das nicht gelten. Ich fragte sie, warum sie sich so zurücknehme. Mit einem schüchternen, aber doch etwas spitzbübischen Lächeln rezitierte sie aus dem Stand Wilhelm Busch:

»Die Selbstkritik hat viel für sich. Gesetzt den Fall, ich tadle mich: So hab ich erstens den Gewinn, dass ich so hübsch bescheiden bin; zum Zweiten denken sich die Leut, der Mann ist lauter Redlichkeit. Auch schnapp ich drittens diesen Bissen vorweg den andern Kritiküssen. Und viertens hoff ich außerdem auf Widerspruch, der mir genehm. So kommt es denn zuletzt heraus, dass ich ein ganz famoses Haus.«

Sie trug den Vers so spontan und lustig vor, dass sich jedes weitere Insistieren verbot. Kurz fragte ich mich, ob hier nicht doch der Gewinn ihrer Schuldhaltung zu suchen war.

**Welche Bilder habe ich mitgenommen?**
**Welche Sätze sind geblieben?**

Ich hatte schon einmal in einem anderen Fall erfahren, dass Menschen wie im Zeitraffer Dinge tun, die später aufgrund der psychischen Erkrankung, des sozialen Abstiegs und der finanziellen Enge nicht mehr möglich waren. So war es auch bei Frau Giese. Ich war völlig verblüfft, als ich erfuhr, dass sie schon lange vor der Wende die Grenzen der DDR hinter sich gelassen hatte. Durch ihre Berentung war es ihr möglich gewesen, in den Westen zu reisen und alle Orte anzusehen, die ihr Interesse weckten. Sie machte das Beste aus einer tragischen Geschichte, indem sie die angesparten Alimente des unsichtbaren Vaters als ihr Deputat verbrauchte.

In aller Bescheidenheit berichtete sie mir, wie sie mit ihrer Mutter in London und Paris war, sich ein Hotelzimmer genommen und die Museen und Galerien der Städte besichtigt hatte.

Zuletzt gesehen habe ich sie in ihrer kleinen Wohnung, gebunden an ein Sauerstoffgerät. Eine schwere Lungenerkrankung machte es möglich, dass Frau Giese sich nun erlaubte, viele kleine Annehmlichkeiten anzunehmen und zu schätzen, sie ließ sich z.B. von den Krankenwagenfahrern die Treppe hinauftragen.

**Was hat Frau Giese mir Neues vom Leben gezeigt?**

Frau Giese lehrte mich, noch genauer meine Gedanken und Gefühle zu überprüfen und nach Übertragungen abzuklopfen. Dieser Schritt heraus aus dem Geschehen machte die innere Begegnung klarer, wenn nicht überhaupt sogar erst möglich.

## »Ich unterscheide die Ärzte und die vom Staat, die nichts tun, und bin unter Umständen bereit, für Sie eine dritte Schublade einzurichten«
Gabriel

Gabriel saß mir gegenüber und schaute mich aus wachsamen Augen sehr direkt an. Seine Mutter war zwei Wochen zuvor in meine Beratung gekommen. Sie fühle sich mit dem 20-jährigen Sohn, der zweimal ein Jahr in der Kinder- und Jugendklinik für Psychiatrie behandelt worden war, sehr alleingelassen. Seit seiner letzten Entlassung vor einem halben Jahr sitze er zu Hause. Die Ärzte hatten ihm empfohlen, seine Erkrankung zu akzeptieren und sich in eine Werkstatt für behinderte Menschen eingliedern zu lassen.

Ich war innerlich auf ein Erstgespräch eingestellt, stellte mich und meine Dienststelle vor und was wir so machten. Keine Regung von seiner Seite. Mit der ersten Frage, die ich an ihn herantrug, eröffnete ich ahnungslos so etwas wie ein Schlachtfeld. Völlig unerwartet wurde ich mit einer Gegenfrage konfrontiert. Er forderte mich auf, präziser zu sein, da jedes einzelne Wort meiner Frage ja schon allein mindestens drei unterschiedliche Bedeutungen zuließe. Ich spürte, wie sich mein Körper straffte, sämtliche Alarmlampen gingen auf Rot.

Gabriel saß mir in feindseliger Gelassenheit gegenüber und hinterfragte jedes meiner Worte mit messerscharfer Akribie. Ich versuchte, die Ruhe zu bewahren und seine Attacken nicht persönlich zu nehmen. Der Boden unter meinen Füßen begann zu wanken. Wie hilflos ich mich fühlte!

Ich hatte keine Ahnung, wie ich auf den jungen Mann wirkte, und nahm all meinen Mut zusammen, um mir nach dem Gespräch ein Feedback zu holen. Mit unbeweglicher Miene gab Gabriel mir zu verstehen, dass es ein mittelmäßiges Erstgespräch gewesen sei. »Ich unterscheide die Ärzte und die vom Staat, die nichts tun, und bin unter Umständen bereit, für Sie eine dritte Schublade einzurichten.«

Ich signalisierte, dass wir für heute das »Gespräch« beenden würden, und er fragte zurück: »Soll ich jetzt gehen?«

»Ja, aber lassen Sie uns vorher noch einen Termin vereinbaren.« Danach sank ich wie ausgehöhlt auf meinen Stuhl und ließ den Kopf in beide Hände fallen. Was war das denn gewesen?

Gabriel kam tatsächlich wieder und wir begannen das »Spiel« von vorn. Nach zwei Zügen brachte ich eine kleine »Verstörung« in den Ablauf. Ich sagte ihm, dass mich die Gründlichkeit seiner Kommunikation sehr beeindrucke und dass ich da echt was von ihm lernen könnte. Ich ermunterte ihn, nachzufragen, wenn ihm etwas unklar erscheine. Er nahm das Angebot an, mir auf die Sprünge zu helfen. Wenn ich nun etwas sagte, fragte er: »Meinen Sie das oder das oder das?« Ich sagte »Das!« oder »Ich meine etwas ganz anderes!«. Wir entwickelten ein neues Spiel. Aus dem Schlachtfeld wurde ein Garten. Die Atmosphäre veränderte sich. Wir lachten über die vielen sprachlichen Möglichkeiten und die Bilder, die uns erschienen. Der Boden unter unseren Füßen fühlte sich stabiler an und trug.

Dazu gab es eine kleine Geschichte, die Gabriel mir später erzählte: Wenn seine Mutter ihn früher aufgefordert hatte, etwas zu braten oder zu dünsten, dann konnte er sich einfach nicht vorstellen, was sie meinte, was das bedeutete: »braten« oder »dünsten«. Er empfand das Kochen als eine Wissenschaft und fragte sich, wie viele Testreihen es wohl gegeben hatte, bis man genau wusste, wie lange eine Kartoffel kochen musste, ehe sie gar war. Hätte seine Mutter ihm gesagt, er solle das Schnitzel nach der Formel $Q = c \times m \times \delta T$ oder $Q = \alpha \times A \times t \times \delta T$ behandeln, dann wäre das für ihn weniger ein Problem gewesen, außer dass er damals diesen Wärmeübergangskoeffizienten noch nicht verstanden hätte.

Die erste Formel und Beispielwerte für die Wärmekapazitäten sagten ihm, dass Wasser zum Kochen zu bringen 2,5-mal so viel Energie koste, wie Öl zu erhitzen, und dass die Speisen am längsten heiß blieben, die den höchsten Wasseranteil hatten. Die zweite Formel brachte die Fläche (A) ins Spiel. Deshalb würden die Kartoffeln vor dem Kochen durchgeschnitten. Je größer die Fläche, desto weniger Energie oder Zeit brauche man, um die Temperatur zu ändern. Ebenso wichtig sei die Zeit (t). Wenn wenig Zeit vergehe, ändere sich die Temperatur kaum. Wenn man also Kartoffeln in kochend heißes Wasser werfe und schon nach drei Minuten wieder herausnehme, dann reiche die Zeit vielleicht gerade, um die Kartoffel außen zu erwärmen. Mit der Zeit würde die Kartoffel dann außen wieder kälter werden und ihr Inneres und die Luft um sie herum aufheizen. Werde die Garzeit überzogen, sei zwar die Kartoffel innen nicht mehr roh, weiche dafür aber außen auf.

Gabriel beendete seine Ausführungen: »Wenn man solche Sachen durchdenkt und sich auch überlegt, wie der Zustand der Nahrung am Ende aussehen soll, kann man sich leicht einen Versuchsaufbau ausdenken, mit dem man diesen Zustand erreicht. Mit diesem Wissen und diesen Gedanken, die ich erst durch meinen Physikunterricht bekommen habe, war für mich klar, warum man welche Speisen wie zubereiten muss. Dadurch ist Kochen für mich nicht mehr etwas, das man anhand von Rezepten auswendig lernen muss, sondern etwas, das sich ganz logisch erklärt. Und da ich lieber verstehe als lerne, hat mir seitdem auch das Kochen mehr Spaß gemacht.« Und er fügte hinzu: »Ich glaube, dass nur wenige Menschen sich die gleichen Gedanken darüber gemacht haben, aber mir haben sie geholfen.«

Ich war zutiefst beeindruckt. Noch nie habe ich beim Kochen auch nur ansatzweise an Physik gedacht, obwohl ich weiß, dass sie mich überall umgibt.

Von nun an waren wir ein gutes Gespann. Förderlich war seine damalige Meinung, dass mit wenigen Ausnahmen Jugendliche Arschlöcher seien und ihm der Kontakt zu Älteren lieber sei. Später konnte er ein paar Differenzierungen zulassen. Wir schlugen uns gemeinsam durch den Behördendschungel, nahmen Rückschläge hin und gaben nicht auf. Der Durchbruch war der Umzug in eine eigene Wohnung.

Gabriel verwandelte sich. Er hatte Fragen und ich war neugierig, wo es nun mit ihm hingehen würde. Er fragte, ob er sich in seinem Aussehen von »Normalen« unterscheide, wie er seine Haare frisieren sollte, welche Kleidung wann angemessen sei. Ich nahm wahr, dass er sein Umfeld aufmerksam beobachtete. Nach einem Jahr gesellte sich ein junger Kollege vom ambulant Betreuten Wohnen zu Gabriel und begleitete ihn weiter ins Leben. Wir sahen uns trotzdem in großen Abständen. Unsere Begegnungen hatten eine neue Qualität.

Eines Tages fragte ich ihn, was er mache, weil er so »normal« auf mich wirke. Gabriel erzählte, dass er plötzlich begriffen habe, dass er rettungslos verloren sein würde, wenn er in seiner Wohnung sitzen bliebe. Deshalb habe er sich aufgemacht, sei in Bars gegangen und habe versucht, irgendwo anzukommen. Es sei viele Male schiefgegangen und er wäre sehr verzweifelt gewesen, bevor er eine Rollenspielgruppe in einem Studentenklub gefunden hätte. Dort gehe er jetzt immer hin und sei sogar schon zum Barkeeper aufgestiegen.

»Und was macht ihr da?« Er erklärte es mir. Ich konnte es mir nicht vorstellen, doch es machte mich neugierig. »Kann ich da mal mitkommen?« Spontan verabredeten wir uns für das nächste Gruppentreffen. Gabriel erklärte mir, dass sich die Teilnehmer dort duzen. Darauf konnte ich mich einlassen und er stellte mich vor: »Das ist Monika, eine liebe Bekannte von mir!« Gabriel versorgte mich mit Getränken und lud mich zu Kartoffelsuppe ein. Dann begann das Spiel.

Wir waren in einer Gruppe, die sich mit Plüschtieren identifizieren und gemeinsam den Ausbruch aus einem Spielzeugladen planen und durchführen sollte. Die Spielregel war: Alle müssen mit, Hindernisse werden gemeinsam unter Einbeziehung aller Ressourcen überwunden.

Gabriel nahm sich einen Plüschmaulwurf, ich nahm ein Schaf mit Schlenkerbeinen. Dann ging es los. Ich freute mich, wie Gabriel von den anderen wahrgenommen und begrüßt wurde, und war überrascht, mit welch ungezwungener Kreativität er sich in der Rolle des Maulwurfs bewegte. Nach ein paar Stunden nutzte ich die Gelegenheit, als die ganze Plüschtierkonfiguration in einem Dorf übernachtete, um mich zu verabschieden.

Gabriel meinte, dass ich mich für das erste Mal ziemlich gut angestellt hätte. Er selbst genoss die vielfältigen Spielsituationen und sagte, dass er so verschiedene Rollen ausprobieren und dann ins tägliche Leben übertragen könne. Er hatte gemerkt, dass Begegnungen mit anderen Menschen viel normaler und entspannter verliefen, wenn er sich vorher nicht so viel überlege, was die anderen von ihm denken oder von ihm halten könnten. Eine wichtige Erfahrung war, dass er so nett aufgenommen und persönlich eingeladen wurde.

»Ich habe gelesen, dass Menschen eine Intuition haben. Da müsste ich die ja auch haben. Das habe ich ausprobiert.« Die Erfahrung, dass Aktivwerden einen Dominoeffekt hat, beflügelte ihn. Obwohl Gabriel große Angst hatte, mit einer Fehlentscheidung Zeit zu verlieren, erlebte er, dass Umwege auch Wege sind, die zum Ziel führen.

**Was war das Besondere an der Begegnung?**
Das erste Gespräch war so furchtbar, dass ich dem zweiten mit Sorge entgegensah. Es war dieser plötzliche Einfall, seine konkretistischen\* Hinterfragungen als Ressource zu nutzen, der mich rettete. Das hatte ich mir nicht vorher überlegt, es war eine plötzliche Eingebung. Auf dieser so erfahrenen Wertschätzung konnte Gabriel Vertrauen aufbauen.

Das Besondere an dieser Begegnung war, dass es immer gerade da weiterging, wo Gabriel stand und ein Problem oder ein Hindernis auftauchte. Er suchte selbst, wie er dieses Hindernis mit den Möglichkeiten überwinden konnte, die sich ihm erschlossen. Das Besondere war auch, zu erleben, wie sich seine Angst vor nicht klar geregelten Situationen auflöste und sich das Leben entfaltete.

**Zu welchen Interventionen hat mich diese Begegnung angeregt?**
Die erste Intervention war das Reframing\* in der zweiten Stunde. Plötzlich wurden aus Ticks Ressourcen.

Die Vernetzung mit anderen professionellen Helfern aus dem ambulanten psychiatrischen Bereich war eine Unterstützung. Ein junger Kollege vom ambulant Betreuten Wohnen übernahm weiterführende sozialanwaltliche\* Aufgaben. Zu Gabriels Glück lebte er ihm ein anderes Männerbild vor, als er es aus seiner Familie kannte.

In einem Gespräch vertraute Gabriel mir an, dass er gern eine Freundin hätte, aber keine Idee, wie er das anstellen solle. Wir entwickelten zusammen eine alltagsfähige Vision, wie es für ihn wäre, eine Freundin zu haben. Was wäre anders? Wie würde es in seiner Wohnung aussehen, wenn sie plötzlich klingelte? Wie würde er sich kleiden? Was gäbe es bei ihm zum Frühstück? Wie sähe es in seinem Bad aus? Welche Musik könnte er auflegen? »Tu doch mal einfach so, als ob du eine Freundin hättest, und geh mit dieser Aufmerksamkeit durch den Tag.«

Viel später haben wir ein Genogramm\* erarbeitet. So bekam er einen anderen Blick auf seine Herkunftsfamilie. Er sagte einmal, dass der räumliche Abstand von seiner Familie auch etwas an ihrem Verhältnis zueinander verändert hätte. Jetzt fühlte er sich von seinen Eltern unterstützt und konnte seine Erfahrungen seinen Geschwistern weitergeben.

Nach einer beruflichen Reha-Trainingsmaßnahme entstand ein bedrückender Entscheidungsnotstand. Welche Ausbildung sollte er machen? Sollte er Bäcker oder Koch werden, Bürofachmann oder Hausmeister? Nach allerlei konkretistischen Hinterfragungen und immer wieder geäußerter Angst, das Falsche zu wählen und noch mehr Lebenszeit zu verlieren, machte ich ihm ein Angebot: »Kannst du dich auf ein Experiment einlassen? Es ähnelt einem Rollenspiel und heißt ›das Innere Parlament‹. Die Akteure sind nicht verschiedene Personen, sondern deine eigenen inneren Persönlichkeitsanteile. Du kannst sie daran erkennen, dass sie dir bestimmte Sätze senden. Wir personifizieren alle Gedanken, Zweifel, kreativen Einfälle und Ängste und suchen gemeinsam nach Antworten, die für deine Entscheidung wichtig sind.« Gabriel stimmte zu und gab allen Akteuren Namen, bestimmte ihr Alter und ihr Geschlecht, sagte, was sie ihm eingaben, und suchte für jeden Persönlichkeitsanteil ein Symbol und einen Platz auf dem Tisch.

Bei dem Inneren Parlament\* gilt: Alle Mitglieder haben ihre Funktion und werden dafür geschätzt, sind aber der Person, die gewissermaßen ihr Parlamentspräsident ist, nicht in jeder Hinsicht hilfreich. Der Parlamentspräsident ist der Chef und er bestimmt, wo der Platz jedes Parlamentsmitglieds ist oder ob es bei diesem Thema vielleicht gar nicht gefragt oder sogar beurlaubt wird.

Gabriel eröffnete die Parlamentssitzung und bat alle Mitglieder – das waren nicht wenige –, sich zu seiner beruflichen Zukunft zu äußern. Der Miesmacher (männlich, 70 Jahre alt) sagte: »Es geht schief, es ist sowieso sinnlos«; der Zweifler (männlich, 40) sagte: »Dir fehlen

Informationen, du weißt noch nicht genug!«; die Hoffnung (männlich, 22) sagte: »Ich hoffe, ich finde eine gute Arbeit für mich!«; der Zukunftsplaner (männlich, 13) sagte: »Könnte mir das Spaß machen?«; der Antreiber (männlich, 6) sagte: »Ich will«; der Trotz (weiblich, 3) sagte: »Ich mache das nicht!«; die »Security« gegen Fremdbestimmung (männlich, 40) sagte: »Lass dir nichts einreden!«; der Hemmer (weiblich, 10) sagte: »Ich will mich nicht schlecht fühlen«; der Perfektionist (männlich, 55) sagte: »Ich will keine Fehler machen«. Dazu kamen noch die Kreativität und die positive Erfahrung. Der Miesmacher hatte einen Kompagnon mit zwei Gesichtern: »Ich weiß nicht« und »Ich fühl mich mal rein«.

Es wurde eine sehr lebendige Parlamentssitzung. Deutliche Veränderungen zeigten sich, als die Hoffnung und die Kreativität dem Miesmacher Paroli boten. Dann gewann plötzlich die Kreativität Land und hatte Ideen. Das Ergebnis lag nach einer Stunde auf dem Tisch: Bäcker oder Koch wollte er werden, um Freunde zu bekochen und Beziehungen zu pflegen. Das ließ sich auch auf anderen Wegen erlernen. Was sich Gabriel mit Lust vorstellen konnte, war, »etwas mit Computern zu machen«.

**Was ist davon heute übrig geblieben?**
Wenn ich an den Anfang denke, bin ich verwundert und dankbar über den weiteren Verlauf. Dazu gesellen sich Zutrauen und Hoffnung in Gabriels Fähigkeiten, sich die für ihn zuträgliche Unterstützung zu suchen. Unterdessen hat er sein Abitur mit Bravour geschafft und studiert nun Informatik. Er ist jetzt 29 Jahre alt.

Ich bin wütend auf die Diagnose Schizophrenie, die ihn wegen der zwei Jahre Behandlung in einem psychiatrischen Krankenhaus im Krisenfall weiter begleitet, weil sie in der Krankenakte festgeschrieben steht. Gabriel von diesem Stigma zu befreien, könnte noch eine Idee sein, der es lohnt nachzugehen.

**Welche Herausforderung lag in dieser Begleitung?**
Die größte Herausforderung war für mich, einen stabilen sozialen Rahmen mit Gabriel zu erkämpfen, also Geld für den Lebensunterhalt und die Wohnungsmiete. Viele Male prallten wir an den Zuständigkeiten ab, immer wieder haben wir neuen Anlauf genommen. Es war gut, dabei moralische Unterstützung im Team zu finden und die Wertschätzung unseres Arztes für den jungen Mann mit dieser Geschichte zu haben. Es war eine Herausforderung für uns beide, die Hoffnung nicht zu verlieren. Ich wusste längst, dass auch alles ganz anders kommen konnte. Aber es kam nicht anders. Gabriel erlebte immer häufiger, dass ihm wohlwollend begegnet wurde.

Eine weitere Herausforderung war, Gabriel zu begleiten und mich selbst immer wieder aufzufordern, mich gedanklich aus den psychiatrischen Strukturen zu lösen und eine gesunde Neugierde in die Zukunft zu entwickeln. Das offensichtlich Positive auch in den Umwegen zu finden. Damit wuchs Gabriels Vertrauen in sich selbst und in die Zukunft.

**Welche Bilder habe ich mitgenommen?**
**Welche Sätze sind geblieben?**
Die Idee, mittels einer Formel zu kochen, und damit klarzukommen, finde ich genial. Es erinnert mich daran, unbedingt den Ressourcen Raum zu geben, und seien sie mir noch so fremd.

**Was hat Gabriel mir Neues vom Leben gezeigt?**
Gabriel verkörperte die Erfahrung, dass einem das Leben manchmal verschlossen ist. Es braucht dann jemanden von außen, der den Knoten löst, damit Luft und Licht an das »irdene Gefäß« gelangen können.

Gabriel kam zu mir mit der ärztlichen Empfehlung, seine Diagnose zu akzeptieren und sich in einer Werkstatt für behinderte Menschen einzurichten. Das hätte bedeutet, dass das ungeöffnete Gefäß einfach an einen anderen Ort gestellt wird. Der Beziehungsaufbau zu Gabriel hat es ermöglicht, an den Inhalt heranzukommen. Wir haben dann mit viel Vergnügen darin herumgerührt und erlebt, dass er noch zu anderen Sachen zu gebrauchen ist, als den Rest des Lebens in eine Werkstatt zu gehen.

Das »Herumrühren« in den eigenen Ressourcen empfiehlt sich übrigens für jeden öfter im Leben zu tun. Es sind die Momente, wenn Weiterentwicklung angezeigt ist, wenn das Leben so nicht mehr stimmt.

**Was sagt Gabriel zu meiner Geschichte?**
»Ich bin überrascht, wie detailreich du einige Dinge noch in Erinnerung hast, die ich schon vergessen hatte. Als ich diesen Text das erste Mal gelesen habe, war ich sehr fröhlich und musste oft schmunzeln. Allerdings habe ich mich auch gefragt, ob man diesen Text überhaupt veröffentlichen sollte, da darin doch einige sehr persönliche Dinge über mich stehen. Mittlerweile sehe ich darin aber kein Problem mehr.

Ich erinnere mich daran, dass ich bei unseren ersten Treffen noch nicht wusste, was ich von diesen Treffen halten sollte und wie sie genau ablaufen. Ich habe mich in den letzten Jahren selbst im Umgang mit anderen Menschen beobachtet und würde sagen, dass ich damals möglichst keine Fehler machen wollte und deshalb immer die ganze Situation analysiert habe. In diesem Analysemodus wirke ich aber auf meine Gesprächspartner arrogant und distanziert. Deine Formulierung, ›Er sitzt mir in feindseliger Gelassenheit gegenüber‹, drückt dies auch aus. Ich kann dir aber versichern, dass das, was wie Feindseligkeit ausgesehen hat, nicht gegen dich gerichtet war, sondern nur meinem Schutz gedient hat. Da mir aber nicht viele Menschen ein Feedback geben, wie ich auf sie wirke, hat es bei mir eine Weile gedauert, diese Art, neue Menschen kennenzulernen, abzulegen. So will ich nur noch bei offiziellen Anlässen vorgehen.«

# Mein aufrichtiger Dank

... geht zuallererst an meine Klientinnen und Klienten, für ihr Vertrauen und für die Fülle an Erfahrungen, die mir oft eine ganz andere, neue Seite des Lebens eröffnet haben.

An zweiter Stelle danke ich Hannelore Kahle. In der Einarbeitungsphase habe ich von ihr die wichtigsten Impulse bekommen. So konnte Beziehungsarbeit in mir lebendig, kreativ und bis heute ausbaufähig werden.

Ich danke auch meinen Kolleginnen und Kollegen. Von allen habe ich durch kollegiale Beratungen, Supervision oder den alltäglichen Austausch zwischen Tür und Angel Unterstützung bekommen und wurde selbst vertrauensvoll gefragt.

Ich danke besonders Viola Balke, die mir während unserer Zusammenarbeit und darüber hinaus ein wunderbares Korrektiv war. Wenn ich von Hausbesuchen kam und unbedingt ein Ohr für das brauchte, was gerade hinter mir lag, dann hat sie zugehört und zuverlässig geholfen, neue Perspektiven zu entwickeln.

Ich danke unseren Ärzten für ihr Zutrauen in unsere Arbeit und für ihre Gesprächsbereitschaft, wenn es irgendwo klemmte. Dank auch für die sehr verschiedenen Möglichkeiten der Psychohygiene.

Ich danke besonders meiner Freundin Patricia Paweletz, ohne deren Anregung und erste Begleitung es dieses Buch nicht gegeben hätte.

Tausend Dank an meine Freundin Dr. med. Christine Schwanitz, die kritisch und zugleich empathisch über den Geschichten ihren psychiatrisch-medizinischen Blick schweifen ließ.

Gleicher Dank gebührt meiner Freundin, der Historikerin Doris Mundus, die als Fachfremde meine Geschichten auf Stil und Verständlichkeit prüfte. Sie gab den letzten Anstoß zur Veröffentlichung.

Für alle Ermutigung, der ich im Zweifelsfalle bedurfte, danke ich meiner ehemaligen Lehrtherapeutin Gesa Jürgens sowie meiner Freundin und Kollegin Ingrid Arnold.

Den größten Dank verdient mein Liebster Eike Staemmler, der nie müde wurde, meinen Erlebnissen zuzuhören und sich ein Bild von meiner Arbeit zu machen. Er war mir auch jetzt mit konstruktiver Kritik ein wohlwollender Begleiter. Danke für deine wundervollen Fotos. Und meiner Enkeltochter Eline danke ich für die liebevolle Beratung in der Auswahl der Fotos.

Ganz herzlich danke ich meiner Lektorin Karin Koch für ihre Begleitung bei der Entstehung des Buches. Ihre Fachkompetenz, Gelassenheit und wohlwollende Rückmeldungen haben meiner Motivation immer wieder Auftrieb gegeben. Ohne Karin Koch wäre das Buch doppelt so dick und halb so klar. Die Zusammenarbeit hat einfach Spaß gemacht.

# Glossar

**Abteilung Inneres**  Gehörte zum Ministerium des Innern (MdI) der DDR und umfasste Aufgabenbereiche, die der inneren Organisation (Pass- und Meldewesen; Zulassung von Kfz; Ausgabe von Fahrerlaubnissen) und Sicherheit des Staates (Bewaffnete Organe; Volkspolizei; Kampfgruppen; Feuerwehr; Strafvollzug) dienten. Eine Einladung in die »Abteilung Inneres« zu bekommen, bedeutete meist, dass man nicht mit der Linie des Staates konform ging oder zumindest nicht den Erwartungen an einen guten Staatsbürger entsprach.

**Biografiearbeit**  Ist eine Reise in die eigene familiäre Vergangenheit. Dazu kann z. B. der Besuch früherer Wohnorte gehören oder die Arbeit mit dem   Genogramm. Ziel der Biografiearbeit ist es, verschüttete Ressourcen wiederzuentdecken, aber auch familiäre, u. U. belastende Verhaltensmuster, um deren Sinn in der Vergangenheit und Gegenwart zu prüfen und neu zu nutzen.

**Dissoziation**  Menschliche Fähigkeit, seinen Bewusstseinszustand zu verändern bei reduzierter sinnlicher Wahrnehmung, z. B. Auto fahren und Radio hören. Bei traumatischer Dissoziation fallen normalerweise zusammenhängende Funktionen der Wahrnehmung, des Bewusstseins, des Gedächtnisses, der Identität und der Motorik auseinander. Auslöser ist zumeist ein überwältigender innerer oder äußerer Reiz, ein Geruch, eine Stimme, eine Situation. Die Orientierung, wer man ist, was man tut, was einem passiert, kann zeitweise verloren gehen. Das kann in bedrohlichen Situationen eine Überlebensstrategie sein, im Alltag aber zu Irritationen führen.

**Flashbacks** Nachhallerlebnisse, angstbesetzte Erinnerungszustände, alles, was zu Assoziationen mit traumatischen Erfahrungen führt.

**Genogramm** Grafische Darstellung von Familiensystemen über drei bis vier Generationen zur Erfassung komplexer Informationen. Eine generationenumfassende Entwicklung eines Familiensystems wird sichtbar, Rollen, Familienmuster und -kultur, Auswirkungen von Schicksalsschlägen und Familiengeheimnissen werden erkennbar. Die Frage nach dem gesellschaftlich-historischen Kontext wird gestellt und nach dessen Einflüssen auf ein Familiensystem.

**Imagination** Wird von Luise Reddemann als heilsame Kraft bezeichnet und meint, sich innere Bühnen des Lebens, parallele Wirklichkeiten als Ressource vorzustellen. Darin ist es möglich, Gegenbilder zu Schreckensbildern und »gute« Gestalten gegen »Bösewichte« zu finden.

**Inneres Parlament** Arbeit mit individuellen Persönlichkeitsanteilen, die durch Personifikation externalisiert werden, sodass man mit ihnen arbeiten kann. Das Selbst wird dabei als Chef des Parlaments begriffen und soll die Führung übernehmen.

**Konkretistisch** Festhalten an der konkreten Wortbedeutung; ist mit Schwierigkeiten verbunden, Redewendungen wie z. B. »Zwei Fliegen mit einer Klappe schlagen« als metaphorisch zu verstehen.

**Krankheitseinsicht** Aus der Perspektive professioneller Helfer die Fähigkeit Betroffener, ihr pathologisches Verhalten als solches zu erkennen.

**Paradoxe Intervention** Ein Sammelbegriff für verschiedene therapeutische Techniken, die alle festgefahrene Sichtweisen erschüttern sollen. Eine Technik ist die Symptomverschreibung, z.B. noch mehr im Bett zu liegen, noch weniger zu machen; eine andere das Reframing.

**Reframing** Durch Umdeutung wird einem zumeist negativ empfundenen Geschehen ein anderer, positiver Sinn gegeben. Damit verändern sich die Bewertung und die Bedeutung des Geschehens.

**Selbstverletzendes Verhalten** Selbstbeschädigung, Hautritzen oder »Schnippeln« als Reaktion auf inneren Druck und ein anhaltendes Gefühl von Leere.

**Sozialanwaltliches Handeln** Beratung, Begleitung und Unterstützung bei Behördengängen, Hilfe beim Ausfüllen von Formularen und Antragstellungen, Umgang mit Wohnungskündigungen und Räumungsklagen, Sicherung der materiellen und sozialen Existenz stehen oft am Anfang sozialarbeiterischen Handelns.

**Sozialtherapeutisches Rollenspiel** Methode der psychosozialen Behandlung im Rahmen der Sozialarbeit. Es dient der Verbesserung der Selbst- und Fremdwahrnehmung und zielt auf die Mobilisierung von Selbsthilfekräften des Klienten.

**Systemisches Arbeiten** Ein lösungs- und ressourcenorientierter Beratungsansatz, bei dem versucht wird, der Frage nach dem Verständnis von Wirklichkeit innerhalb eines Familiensystems nachzugehen. Das schließt die Einbeziehung einer mehrgenerationalen Perspektive und der eigenen Erfahrungswelt ein.

**Übertragung – Gegenübertragung** Mit Übertragung werden Gefühle bezeichnet, die der Klient aus früheren Beziehungserfahrungen auf den Therapeuten bezieht (»überträgt«), z.B. Gefühle, die den Eltern entgegengebracht wurden. Mit Gegenübertragung werden korrespondierend ähnliche Gefühle des Therapeuten gegenüber dem Klienten benannt.

# Literatur

BISCHKOPF, Jeannette; DEIMEL, Daniel; WALTHER, Christoph; ZIMMERMANN, Ralf-Bruno (2016): Soziale Arbeit in der Psychiatrie. Lehrbuch. Köln.

GIRRULAT, Heidrun u. a. (2007): Systemische Erinnerungs- und Biographiearbeit. Tübingen.

HOLMES, Tom; HOLMES, Laurie (2013): Reisen in die Innenwelt. Systemische Arbeit mit Persönlichkeitsanteilen. 5. Auflage. München.

MCGOLDRICK, Monica (2013): Wieder heimkommen. Auf Spurensuche in Familiengeschichten. 3., unveränderte Auflage. Heidelberg.

MCGOLDRICK, Monica; GERSON, Randy (2016): Genogramme in der Familienberatung. 4., unveränderte Auflage. Bern.

KREMER, Georg; SCHULZ, Michael (2016): Motivierende Gesprächsführung in der Psychiatrie. 3., überarbeitete Auflage. Köln.

MILLER, Martin (2013): Das wahre Drama des begabten Kindes. Freiburg i. Breisgau.

Obert, Klaus (2001): Alltags- und lebensweltorientierte Ansätze sozialpsychiatrischen Handelns. Bonn.

Reddemann, Luise; Dehner-Rau, Cornelia (2008): Trauma. Stuttgart.

Ruppert, Franz (2002): Verwirrte Seelen. Der verborgene Sinn von Psychosen. Grundzüge einer systemischen Psychotraumatologie. München.

Schweitzer, Jochen; Schlippe, Arist von (2016): Lehrbuch der systemischen Therapie und Beratung. Göttingen.

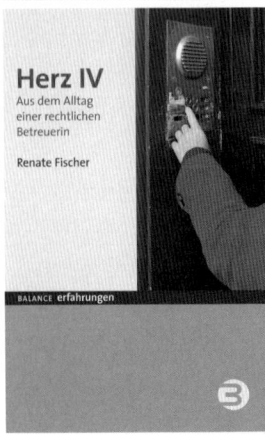

Renate Fischer
Herz IV
Aus dem Alltag einer rechtlichen Betreuerin
2. Auflage 2012
ISBN-Print: 978-3-86739-061-3
ISBN-PDF: 978-3-86739-744-5

## Tür zu

Sonja, die Tochter einer Freundin, studiert Sozialpädagogik und interessiert sich für die Arbeit als rechtliche Betreuerin. Da ich in meinem kleinen Arbeitszimmer keine Praktikantin unterbringen kann, biete ich ihr an, mich einfach mal einen Tag zu begleiten.

Frohen Mutes steigt Sonja morgens zu mir ins Auto. Sie erzählt begeistert, wie viel Spaß ihr das Seminar »Klientenzentrierte Gesprächsführung« mache, wie interessant sie die Vorlesung über psychische Erkrankungen finde und dass es ihrer Meinung nach eine Frage von Geduld und Einfühlung sei, wenn man Zugang zu einem Menschen finden wolle.

Wir fahren zu Frau Siemes. Sie lebt allein in einem Mehrfamilienhaus, sie wird wegen einer bipolaren affektiven Störung betreut, hat immer Geldprobleme und ist häufig etwas unorganisiert. Ich hatte sie in der vergangenen Woche gefragt, ob ich jemanden mitbringen kann. Sie hatte nichts dagegen.

Wir klingeln, keiner macht auf. Ich klingele noch mal, keine Reaktion.

»Vielleicht hat sie den Termin vergessen«, schlägt Sonja vor.

»Frau Siemes verlässt das Haus so gut wie nie. Sie müsste eigentlich da sein.«

»Warum macht sie dann nicht auf?«

»Vielleicht geht es ihr nicht gut. Ich will mal nicht hoffen, dass etwas Schlimmeres passiert ist.«

Blankes Entsetzen steht Sonja im Gesicht geschrieben. Ich ahne, dass eine ganze Bandbreite von Ohnmacht bis Suizid vor ihrem geistigen Auge erscheint. Sie hat an der Hochschule gelernt, wie man möglichst professionell ein zielorientiertes Gespräch mit einem psychisch kranken Menschen führt. Dass man allerdings schon an der Haustür scheitern kann, kam im Lehrplan nicht vor.

»Wir versuchen es erst mal bei den Nachbarn«, sage ich und drücke mit der Hand vier andere Klingelknöpfe gleichzeitig. Die Haustür springt sofort auf und ein Nachbar erkennt mich von früheren Besuchen.

»Die Schlampe von oben putzt nie die Treppe, wenn sie dran ist«, motzt er los.

»Guten Tag, Herr Neumann. Frau Siemes macht nicht auf. Wissen Sie, ob irgendwas mit ihr ist?«

»Keine Ahnung, aber wenn die am Samstag nicht die Treppe putzt, kipp ich der den ganzen Dreck vor die Tür.«

Wir gehen die Treppen hoch und klopfen laut an Frau Siemes' Tür. Von drinnen hört man nichts, die Tür bleibt zu.

»Okay, was könnte passiert sein, was können wir tun?«, frage ich Sonja.

»Hat man als Betreuerin nicht einen Zweitschlüssel, mit dem man im Notfall reinkommt?«

»Nein, ich will und darf die Wohnung der Klienten nicht ohne deren Zustimmung betreten. Ich habe keinen Schlüssel.«

»Sollen wir die Polizei rufen?«

»Und dann? Was ist, wenn Frau Siemes nur mal kurz zu Aldi ist?«

»Aber sie könnte auch alle ihre Tabletten gleichzeitig genommen haben und jetzt halb tot auf dem Boden liegen.«

*Leseprobe Herz IV*

»So etwas kommt vor. Meistens hat man dann aber eine Ahnung. Wenn die Leute schon Tage vorher am Rad drehen, ständig anrufen, die Nachbarn tyrannisieren.«

»Und was macht man dann?«

»Dann ruft man tatsächlich die Polizei an und schildert seine Befürchtungen. Die Beamten entscheiden dann, ob sie die Tür öffnen lassen oder nicht.«

In dem Moment kommt der Nachbar Herr Neumann die Treppe hoch.

»Ich muss Ihnen noch was sagen: Die Siemes fliegt hier sowieso bald raus.«

»Herr Neumann, ich komm gleich noch mal zu Ihnen.«

»Gleich kann ich nicht. Ich will, dass Sie sich um den Lärm kümmern, den die Alte hier immer veranstaltet. Und wenn die Treppe bis Samstag nicht ...«

»Bitte«, unterbreche ich ihn, »das klären wir gleich.«

Sonja hat es vorgezogen, ihre klientenzentrierte Gesprächsführung nicht an Herrn Neumann zu testen. Sie klopft nochmals an die Tür und ruft zaghaft Frau Siemes' Namen. Ich wähle unterdessen Frau Siemes' Telefonnummer und nach langem Klingeln höre ich ihre verschlafene Stimme.

»Hallo, Frau Siemes, ich stehe vor Ihrer Tür!«

»Wer ist da?«

»Frau Fischer. Wir waren verabredet.«

»Nee, morgen.«

»Nee, heute.«

»Was ist heute?«

»Donnerstag.«

»Wann kommen Sie?«

»Ich muss nicht mehr kommen, ich bin schon da. Machen Sie mal die Tür auf!«

»Welche Tür?«

Ich betätige noch mal die Klingel.

»Moment, bleiben Sie dran«, sagt Frau Siemes, »ich muss mal aufmachen, es hat geklingelt.«

Die Überraschung ist groß, als sie uns sieht. Sie hatte offensichtlich verschlafen und muss jetzt erst mal Kaffee kochen. Sonja und ich bekommen auch eine Tasse. Gemeinsam schauen wir uns die Nebenkostenabrechnung des Vermieters an, in der Frau Siemes Fehler vermutet. Auf meine Bitte hin verspricht sie auch, in den kommenden Tagen mal über die Treppe zu putzen. Wir verabschieden uns und klingeln auf dem Weg noch mal bei Herrn Neumann. Da macht aber niemand auf.

»Und, schon was gelernt?«, frage ich Sonja.

»Ja, man muss auf alles gefasst sein.«

## BALANCE **buch + medien verlag**
**Internet: www.balance-verlag.de • E-Mail: info@balance-verlag.de**

Monika Staemmler
Das erzähl ich nur Ihnen!
Die Kunst der Beziehungsarbeit in 15 Geschichten

Balance erfahrungen

1. Auflage 2017
ISBN-Print: 978-3-86739-121-4
ISBN-PDF: 978-3-86739-884-8
E-Pub: 978-3-86739-909-8

**Bibliografische Information der Deutschen Nationalbibliothek**
Die Deutsche Nationalbibliothek verzeichnet diese Publikation in
der Deutschen Nationalbibliografie; detaillierte bibliografische Daten
sind im Internet über http://dnb.d-nb.de abrufbar.

© BALANCE buch + medien verlag, Köln 2017
Der BALANCE buch + medien verlag ist ein Imprint der
Psychiatrie Verlag GmbH, Köln.
Alle Rechte vorbehalten. Kein Teil des Werkes darf ohne
Zustimmung des Verlags vervielfältigt, digitalisiert oder
verbreitet werden.
Umschlagkonzeption und -gestaltung: GRAFIKSCHMITZ, Köln
unter Verwendung eines Bildes von Timmzie/photocase.com
Fotos im Innenteil: Eike Staemmler
Lektorat: Karin Koch, Köln
Typografiekonzeption und Layout: Iga Bielejec, Nierstein
Druck und Bindung: AZ Druck und Datentechnik GmbH, Kempten